L'EXTERRITORIALITÉ.

Habet aliquid ex iniquo omne magnum exemplum quod contra singulos utilitate publica rependitur.
Tacitus, Annales lib. XIV, cap. XLIV.

Fiction n'est pas raison! . . . Ces paradoxes ridicules ne servent qu'à éblouir, à égarer, à donner à la réalité même un air de fable et de prodige.
Jérémie Bentham. Traité de législation civile et pénale publié en français par Dumont, t. I, p. 114. Paris 1802.

PAR

le Baron ALPHONSE de HEYKING.

PRIX 3 M.

BERLIN.
PUTTKAMMER & MUHLBRECHT.
1889.

L'EXTERRITORIALITÉ.

L'EXTERRITORIALITÉ.

> Habet aliquid ex iniquo omne magnum exemplum quod contra singulos utilitate publica rependitur.
>
> **Tacitus**, Annales lib. XIV, cap. XLIV.

> Fiction n'est pas raison!... Ces paradoxes ridicules ne servent qu'à éblouir, à égarer, à donner à la réalite même un air de fable et de prodige.
>
> **Jérémie Bentham.** Traité de législation civile et pénale publié en français par **Dumont**, t. I, p. 114, Paris 1802.

PAR

le Baron ALPHONSE de HEYKING.

PRIX **3** M.

BERLIN.
PUTTKAMMER & MUHLBRECHT.
1889.

Imprimerie Trenké & Fusnot, St-Pétersbourg, Maximilianovsky pér, № 13.

A SON EXCELLENCE

Monsieur le Sécrétaire d'Etat

DE GIERS

MINISTRE DES AFFAIRES ÉTRANGÈRES DE RUSSIE

TABLE DES MATIERES.

INTRODUCTION.

PARTIE GÉNÉRALE.

L'exterritorialité en général.

PARTIE SPÉCIALE.

L'exterritorialité en particulier. — Les personnes exterritoriales.

Section I. Les personnes exterritoriales prises séparément.

CHAPITRE I. Les ministres publics.

I. L'EXTERRITORIALITÉ DES MINISTRES PUBLICS EN GÉNÉRAL.

Section II. Les communautés de personnes exterritoriales.

APPENDICE.

INTRODUCTION.

CHAPITRE I.

L'exterritorialité et la Souveraineté territoriale.

§ 1. De l'idée et de la nature de l'Etat ressort pour lui le droit de considérer la partie de la surface terrestre habitée par ses sujets comme le domaine exclusif de son pouvoir; il exige que ce droit soit respecté par les autres Etats et par tout individu se trouvant sur son territoire. L'Etat repousse absolument toute action du dehors et règne positivement dans l'intérieur de ses limites. On a cherché à exprimer ces principes par la parémie légale: *quidquid est in territorio, est de territorio.* Le droit territorial *(jus territoriale),* signifie que l'Etat règne souverainement sur toute l'étendue de son territoire et que partant ses sujets sont soumis exclusivement à l'exercice de son pouvoir suprême.

Si les Etats étaient isolés l'un de l'autre et n'existaient que pour eux-mêmes, le principe de la souveraineté exclusive de l'Etat ne subirait pas d'exceptions. Les intérêts cosmopolites de l'humanité exigent l'action commune de plusieurs Etats; les peuples, par leur civilisation progressive et le développement des relations internationales, arrivent à avoir conscience de leur solidarité morale, légale et sociale; chaque Etat parvient ainsi à reconnaître qu'il existe non seulement pour lui, mais aussi pour le monde entier et que le monde entier existe pour lui [1]. Sur ces principes se fonde la communauté internationale des peuples. C'est dans la société des Etats que les nations cherchent à réaliser leurs obligations internationales. Pour atteindre ces buts, elles ont besoin du concours et de l'assistance mutuelles et une entente internationale s'ensuit, qui les fait renoncer par des transactions réciproques à l'exécution rigide de leur souveraineté territoriale. Voilà comment le principe de la territorialité subit des altérations:

En reconnaissant la souveraineté de la puissance étrangère l'Etat est forcé d'affranchir de sa juridiction le souverain étranger séjournant sur son territoire.

D'après leur nature, certaines missions publiques ne peuvent être résolues qu'en dehors du territoire et, de ce fait, elles exigent une indépendance complète des organes qui en sont chargés.

Il paraît enfin inopportun de soumettre à l'autorité locale les corps militaires étrangers.

La nécessité politique qui résulte de la communauté et des obligations internationales des Etats, en ne soumettant pas aux autorités locales les organes des Etats etrangérs, a produit un principe de droit pour lequel il a été trouvé une dénomination conforme à l'idée de la négation de la territorialité, dans le mot *exterritorialité.*

---

§ 1. [1] La communauté internationale des Etats se base sur ces trois principes fondamentaux :

I. L'Etat existe pour lui-même.
II. L'Etat existe pour le monde.
III. Le monde existe pour l'Etat.

CHAPITRE II.

L'exterritorialité et le territoire.

L'exterritorialité, comme le sens du mot l'indique, est une situation exceptionnelle dans le territoire même. Le territoire de l'Etat, sous le rapport planimétrique, est une partie de la surface terrestre limitée par des frontières politiques; sous le rapport stéréométrique, un ensemble qui se forme lorsqu'on place à travers les limites planimétriques de l'Etat et le centre de la terre un plan, de façon à ce qu'il embrasse aussi bien le domaine sous la surface de la terre, que le domaine dans l'atmosphère, au-dessus de la figure planimétrique occupée par l'Etat [1].

En particulier le territoire de l'Etat embrasse:

§ 2. 1. Le territoire terrestre [2], c'est-à-dire la surface de terre appartenant à l'Etat.

§ 3. 2. Le territoire maritime et fluvial, en général toute la surface d'eau appartenant à l'Etat. Ainsi par exemple la mer territoriale, c'est-à-dire les eaux maritimes qui sont entourées par le territoire terrestre de l'Etat et qui sont supposées limitées par une ligne tracée

---

§ 2. [1] Le territoire de l'Etat, considéré sous le rapport stéréométrique, est une figure sphérique qui, plus les limites planimétriques de l'Etat se rapprochent de la forme d'un cercle, prend d'autant plus la forme d'un secteur de globe sphérique.

[2] D'après notre définition de territoire l'expression « Territoire terrestre » n'est pas un pléonasme. D'ailleurs il est fort douteux que le mot latin *territorium* provienne de *terra*. Frontin disait: « *Territorium a terrendis hostibus;* » Siculus Flaccus: « *Territorium a terrendis civibus* ». Voir aussi Pradier-Fodéré. Traité de droit intern. public, t. II, p. 145.

dans l'espace d'un point du littoral à l'autre. La mer littorale proprement dite comprend la partie de la mer qui baigne les côtes de l'Etat. Pour déterminer la distance à laquelle peut s'étendre la mer littorale, les anciens publicistes se sont servis de différentes méthodes. Bynkershoek mit fin à ces controverses en établissant que: *dominium terrae finitur ubi finitur armorum vis.* Une partie des publicistes, après avoir accepté cette définition comme règle générale, fixèrent la distance à une portée de canon; une autre partie confondit la règle de Bynkershoek avec la mesure de trois milles marins et établirent les deux règles l'une à côté de l'autre. La seule véritable opinion défendue par la plupart des publicistes modernes est que les limites de la mer littorale doivent être déterminées par la portée du plus fort canon de la côte. Les sources des dispositions légales relatives à ce sujet sont rares. Lors de la collision entre le navire allemand «Franconia» et le navire britannique «Strathclyde», l'Angleterre, dans le *Territorial-Waters-Jurisdiction-Act* en 1878, établit l'étendue de la mer littorale à trois milles marins. Les mêmes principes se rencontrent en Allemagne: Dans le mémoire relatif au naufrage du vapeur «Deutschland», et dans l'introduction aux motifs de la loi sur les sinistres en mer, débattus en 1877 au *Reichstag*, la zone de trois milles a souvent été mise en avant [1].

§ 4. 3. Le territoire aérien, c'est-à-dire la por-

§ 3. [1] Dans le traité international relatif à la pêche dans la mer du Nord du 6 mai 1882 (*Reichsgesetzblatt* 1884, pp. 25 et suiv.), article 2, la mer littorale est limitée à trois milles marins à partir de la limite la plus basse de l'eau. Cela concerne toutefois ce cas spécial. Voir Harburger, *Inland*, p. 27.

on de l'atmosphère placée au-dessus du territoire terrestre, aritime et fluvial. L'atmosphère est considérée ici comme ne colonne d'air vide, non remplie d'obstacles matériels. Si ous nous servons ici du principe de la délimitation de la er littorale à une portée de canon, nous pourrons admettre galement que la colonne d'air au-dessus de la surface terestre appartenant à l'Etat, s'étend verticalement à la plus rande portée d'une arme à feu, placée sur la plus haute lévation du sol [1].

§ 5. 4. Le bâtiment naviguant sous pavillon naional en pleine mer, c'est-à-dire en dehors du territoire aritime de n'importe quel Etat. La plupart des publicistes roient devoir recourir ici à une fiction territoriale, en condérant le navire comme «partie flottante du domaine» [1], u comme «forteresse mobile» [2], ou comme «immeuble flotant» [3], ou comme «partie du territoire» [4], ou comme «dépendance qui se déplace» [5], ou comme, «annexe flottante» [6] e l'Etat auquel il appartient. Grotius et Harburger [7] 'écartent de cette opinion. Le dernier veut que la fiction se apporte à l'espace que le vaisseau occupe dans l'eau. Il en réère aux paroles de Grotius: *Videtur... imperium in maris ortionem... acquiri... ratione personarum, ut si classis, qui maitimus est exercitus, aliquo in loco se habeat* [8]. La fiction de

§ 4. [1] Voir: Holtzendorfs *Handb. d. Völkerr.*, t. II, p. 230.

§ 5. [1] Perels, *Seerecht*, p. 65.

[2] Bar, p. 574.

[3] Harburger. *Inland*, p. 107.

[4] Vattel, t I, chap. XIX, § 216.

[5] Marquardsen, *Staatslexikon* « *Exterritorialität* ».

[6] Perels, *Seerecht*, p. 82.

[7] Harburger, *Inland*, p. 110, etc.

[8] Harburger, *Inland*, p. 110, etc.

la qualification territoriale se rapporte à la partie de la mer occupée par le vaisseau, et qui par cette occupation est soumise au pouvoir de l'Etat auquel appartient le navire. Par cette utilisation et occupation passagères d'un espace de la mer libre, le propriétaire et l'Etat du navire exercent un droit dévolu à tous les Etats sur la mer commune, et parce qu'un autre navire ne saurait en même temps occuper la même place, la souveraineté d'un autre Etat doit en être exclue. Cette définition, à vrai dire, est factice et insuffisante pour le cas d'un navire sous-marin; toute fiction dans ce cas est tout à fait inutile. Le navire en pleine mer fait partie du territoire de l'Etat, il est territoire naval formant le domaine exclusif du pouvoir de l'Etat auquel il appartient. C'est pourquoi en Allemagne le § 10 du Code de procédure criminelle [9] dit: « Si l'action entraînant une punition est « commise sur un navire allemand en pleine mer, la compé« tence de juger appartiendra au tribunal du port d'origine « du navire ou du premier port allemand qu'il atteindra après « l'accomplissement de ladite contravention ». Le § 102 du règlement allemand sur le personnel de la marine « enjoint « au capitaine du navire à bord duquel est commis un crime « ou délit en pleine mer, de consigner d'une manière exacte « tout ce qui peut servir de preuve à l'appui du fait, et dans « ce cas, pour l'application de la peine, il remplit ici les « fonctions d'un juge d'instruction ». Le tribunal supérieur de Prusse a appliqué en 1855 dans un cas d'attentat à la

[9] Aussi Thilo de même que Bombard et Koller (Voir leur Commentaire au Code de procédure criminelle d'Allemagne) croient ne pas pouvoir se départir ici de l'emploi d'une fiction légale ; avis contraire Binding, *Handb.*, t. I, p. 409.

vie, commis par un Américain, à bord d'un navire prussien en pleine mer, la peine selon le § 3 du Code pénal, tout comme si le fait avait eu lieu en Prusse [10]. Le même principe se rencontre encore dans la loi de l'Empire concernant la chasse aux phoques en date du 4 décembre 1876 [11] et dans l'ordonnance impériale qui s'y rapporte en date du 29 mars 1877 [12]. D'après une déclaration du Tribunal Supérieur de Commerce de l'Empire d'Allemagne du 26 avril 1872, toutes les affaires du domaine du droit civil concernant le navire doivent être jugées suivant les règles de son pays d'origine [13]. Pour bien concevoir cette situation juridique dans toutes ses conséquences aucune fiction n'est nécessaire. La puissance de l'Etat auquel le navire appartient se trouve de fait dans les propres limites de son pouvoir et règne exclusivement sur son territoire naval.

CHAPITRE III.

Histoire de l'exterritorialité.

§ 6. L'idée et le droit d'exterritorialité se trouvent en rapport direct avec l'établissement permanent des communications diplomatiques entre les Etats.

L'institution des ambassades perd son caractère temporaire au XVIIe siècle pour s'élever à un usage général de la pratique internationale. Tant qu'il ne s'agissait que d'ambassades pour des cas spéciaux, il suffisait, pour garantir la

---

[10] Perels, *Seerecht*, p. 72.
[11] *Reichsgesetzblatt*, 1876, p. 233.
[12] *Reichsgesetzblatt*, 1877, p. 409.
[13] Perels, *Seerecht*, p. 73.

dignité de la puissance représentée et assurer la liberté d'action de l'ambassadeur, de considérer les agents diplomatiques, ou comme étant sous la sauvegarde de Dieu et revêtus d'un caractère de sainteté, ou bien de leur prêter une garantie légale exceptionnelle sous forme d'un privilège d'inviolabilité. Cependant, lorsque la résidence fixe d'un ambassadeur, en pays étranger, devait beaucoup plus qu'auparavant l'exposer à l'influence étrangère, particulièrement à celle de l'Etat de sa résidence, le privilège d'inviolabilité devint insuffisant et le besoin se fit sentir, vu la haute importance de ses fonctions et son caractère représentatif, de le soustraire à la puissance territoriale de l'Etat auprès duquel il se trouvait accrédité.

Il arriva par conséquent qu'on établit peu à peu pour l'ambassadeur, par une série successive de privilèges, un principe d'affranchissement de toute action à son égard de la part de la souveraineté du pays de sa résidence; non seulement il se trouva par son droit d'inviolabilité à couvert de toute attaque ou agression de la part des particuliers, mais le gouvernement territorial renonça aussi au droit de le poursuivre en matières correctionnelle ou criminelle, d'exercer contre lui toute action civile, de prélever tous impôts et droits de douane, et enfin l'exempta de toutes mesures de police et actions administratives en général. Après tout ce qui précède, il appartenait à la théorie de transformer tous ces privilèges en règle générale et d'établir un principe fondamental pouvant servir de base en cette matière.

Au XVIe siècle le système de la personnalité fut remplacé par celui de la territorialité dans le droit, et le principe de la souveraineté territoriale régna d'une façon uniforme sur la position des étrangers et habitants du pays. L'étranger ne pouvait plus vivre, comme auparavant, sous le régime des lois de son pays, mais se trouvait en tout et pour tout sous la juridiction des lois locales. Si l'on voulait caractériser les privilèges de l'ambassadeur, il fallait dès lors admettre la faculté exclusive pour lui de vivre selon les lois de son pays, en dehors de l'action des lois locales. Sa position légale serait un *vacuum* dans le principe de la territorialité. Il fallait par conséquent donner une définition à cette situation, définition qui fut trouvée dans la fiction de l'exterritorialité.

C'est Hugo Grotius qui en 1625, dans son ouvrage « *De jure belli ac pacis libri très* », au chapitre « *De legationum jure* », trouve l'expression et la définition de l'exterritorialité. Dans le livre II du chapitre XVIII, § 4, article 5, il est dit: « *Quare omnino ita censeo, placuisse gentibus ut* « *communis mos qui quemvis in alieno territorio existentem* « *ejus loci territorio subjicit exceptionem pateretur in legatis* « *ut qui sicut fictione quadam habentur pro personis mitten-* « *tium (senatus faciem secum attulerat auctoritatem rei pu-* « *blicae, ait de legato quodam M. Tullius), ita etiam fictione* « *simili constituerentur quasi extra territorium* [1] *unde et civili* « *jure populi apud quem vivunt non tenentur* ». Le sens de cette fiction, tiré par Grotius d'un passage de Pline où il est question de l'oasis de Palmyre: « *situ velut terris* « *exempta a rerum natura* » [2], est par conséquent celui-ci: La

---

§ 6. [1] Gronovius commente cette expression par « *habentur et considerarentur quasi non habitarent nobiscum neque in finibus territorii nostri essent* », dans l'édition de Grotius par Coccejus, t. III, p. 204.

[2] Voir: l'édition de Grotius par Coccejus, t. III, p. 204.

position exceptionnelle de l'ambassadeur supprime toute la territorialité du droit et la personne exterritoriale doit être considérée comme ne résidant pas dans le pays de l'Etat étranger. En vertu de cette fiction légale (« *unde* »)[3] il devrait, sous tous les rapports, n'être jugé que par les lois de sa patrie. La fiction de l'exterritorialité est employée pour en faire résulter tous les privilèges et les droits de l'ambassadeur.

L'ouvrage de Grotius ayant exercé une grande influence sur la pratique et la littérature du droit international[4], les publicistes et jurisconsultes ont naturellement continué à suivre la voie spéculative une fois tracée, et sont, ainsi, arrivés à des conclusions manquant totalement de bases juridiques. Les écrivains qui ont cherché à faire dériver logiquement de cette fiction tous les éléments du droit d'exterritorialité, aboutirent à des résultats impossibles, et à des conclusions que les Etats n'ont pu approuver.

§ 7. Après la mort de Grotius parut (à l'occasion de certains cas dans la pratique du droit des gens, par exemple à la suite de la justification, par Zouch[1], de la condamnation du frère de l'ambassadeur de Portugal à Londres, Dom Pantaléon da Sa), toute une série d'ouvrages sur la question de l'exterritorialité des ambassadeurs, œuvres sans aucune importance et qu'on peut passer sous silence[2].

En 1676 parut un ouvrage fort cité, mais également

[3] Avis contraire Gottschalck, *Exterritorialität*, p. 16.

[4] Kaltenborn, Kritik, p. 45.

§ 7. [1] Dans son traité « *Solutio quaestionis veteris et novae de legati delinquentis judice competente* ». *Oxoniae, anno 1657*.

[2] On trouve une énumération de ces auteurs et de leurs ouvrages dans Miruss, t. II, pp. 11, et suiv., et Ompteda, t. II, pp. 540, et suiv.

sans valeur: «Mémoires touchant les ambassadeurs et les ministres publics»; au point de vue scientifique, cette production peut tout au plus servir de répertoire pour les faits et cas importants du droit des gens. L'auteur de ce livre, Abraham de Wicquefort[3], fut condamné malgré son caractère diplomatique à une détention perpétuelle, et composa cet ouvrage en languissant dans sa prison; voilà pourquoi cette œuvre ne respire ni le calme, ni l'objectivité scientifiques nécessaires. Ses considérations sur l'exterritorialité ne sont en définitive qu'une paraphrase de Grotius; il suppose que les ambassadeurs qui poursuivent les affaires d'un souverain étranger et sont acceptés comme tels, doivent être affranchis de la juridiction du pays où ils se trouvent, les actes des ambassadeurs étant considérés comme accomplis par le souverain lui-même, autant que ce dernier les reconnaît[4].

Les écrivains à partir de Grotius jusqu'à Bynkershoek[5] n'ont rien fait pour le développement du droit d'exterritorialité. Ils se trouvaient sous la dépendance absolue du droit romain et, comme Baco[6] s'exprime à juste titre, sans se départir du «*sermocinari tamquam e vinculis*». Ils se référaient au *jus gentium* des Romains, qui n'est rien moins, à notre sens, que le droit des gens. Le *jus gentium* était pour les Romains le droit existant chez tous les peu-

---

[3] Voir: les péripéties de la vie de Wicquefort, Ompteda, t. II, p. 542; Wheaton, Histoire, t. I, p. 289.

[4] L'Ambassadeur, t. I, p. 390.

[5] On les trouve réunis et leurs opinions critiquées par Bynkershock, cap. XXIV et Merlin, Répertoire «Ministre public». t. XX, p. 277, 278.

[6] Baco *De augmentis scientiarum, lib.* VIII, *cap.* III.

ples, tandis que le *jus strictum* ou *civile* se composait des règles spécifiques du droit romain. Ce dualisme s'étendit non seulement sur tout le droit matériel, mais aussi sur le droit formel, car il y avait entre le *praetor urbanus*, qui rendait justice d'après le *jus civile*, et le *praetor perigrinus*, qui la rendait d'après le *jus gentium*, une différence tranchée. Mais en tout cas les deux parties du droit: *jus civile* et *jus gentium*, appartiennent au domaine du droit privé [7]. Les publicistes tombèrent dans une nouvelle erreur, en revenant aux *legati* des Romains; ils appliquèrent tous les endroits y relatifs, traités par les classiques, aux ambassadeurs de leur époque. Mais, comme le prouve Bynkershoek, il n'y a dans le *Corpus juris* qu'un seul endroit parlant des ambassadeurs dans le sens moderne; le reste a rapport aux délégués des villes municipales et concerne par conséquent les sujets romains.

§ 8. On doit attribuer le mérite d'avoir écarté toutes ces erreurs au Néerlandais Cornelius de Bynkershoek [1]. Comme membre de la Haute Cour de Hollande il donna son jugement dans le cas suivant: Les bien-meubles de l'ambassadeur de Holstein à La Haye, qui s'était engagé dans des entreprises commerciales, furent séquestrés, à l'exception du mobilier de l'hôtel de l'ambassade et des autres objets en dépendant. La Haute Cour valida cette saisie-arrêt et Bynkershoek approuva cette décision de la Cour en 1721 dans

---

[7] Il y a des cas très rares où chez les Romains «*jus gentium*» veut dire droit des gens dans le sens moderne, par exemple l. 17, Dig. 50, 7: *Si quis legatum*, etc.

§ 8. [1] Wheaton, Histoire, t. I, p. 291; Bynkershoek, *cap.* XIV.

son ouvrage « *De foro competente legatorum* » [2], où il approfondit en général la question relative à la situation légale des ambassadeurs et souverains.

Cet ouvrage, où la doctrine de l'exterritorialité a été pour la première fois traitée scientifiquement, est jusqu'à ce jour le plus solide qui ait paru. On pourrait peut-être admettre en lisant ce traité que l'auteur a dû l'écrire « *festinante calamo* » [3] et qu'il lui a manqué du temps pour coordonner systématiquement ses matériaux, ce qui n'empêche pas que le travail se distingue par la netteté de ses conceptions juridiques. Au lieu de s'occuper, comme la plupart des publicistes, de matières ayant rapport à des tours de force diplomatiques, de relater des faits anecdotiques, de donner des règlements cérémoniaux, enfin de traiter de questions étrangères au droit, Bynkershoek offre de véritables matériaux pour la jurisprudence, matériaux élaborés avec entendement juridique. Par la suite ses idées servirent de norme au développement du droit public.

En acceptant cette ingénieuse fiction de Grotius et en la prenant pour base de son traité, Bynkershoek poursuit l'idée conséquente de l'exterritorialité, et à l'aide d'un ample bagage historique il en fait ressortir les principes essentiels et marquants. Il prend pour base de son ouvrage l'axiome que chaque juridiction civile repose sur la soumission de la personne au pouvoir souverain de l'Etat. La juridiction civile des Cours de justice dépend par conséquent de la *lex domicilii*, quand il s'agit du droit personnel; de la *lex*

---

[2] *Opera omnia edidit* Philippus Vicat, 1761.
[3] « *De foro comp.* » *Praef. in fin.*

loci rei sitae, quand il s'agit du droit relatif à la chose. Il se demande maintenant s'il est possible, d'après les lois de l'Etat auprès duquel l'ambassadeur se trouve accrédité, qu'une saisie et une confiscation puissent être exercées contre sa personne et ses biens, du moment que, par une fiction du droit, il a dans ce pays son domicile natal et originaire, et que ses biens mobiliers sont régis par les mêmes lois dont il dépend [4]. Et il répond, en s'appuyant sur Grotius: que l'ambassadeur n'est pas arrivé chez nous pour établir son domicile; c'est un étranger qui n'y fait que séjourner dans le seul but de veiller aux intérêts de son souverain. Dès lors une plainte dirigée contre lui devrait être poursuivie comme si l'ambassadeur ne se trouvait pas dans le pays où il est accrédité [5]. Plus loin il conclut que si l'ambassadeur représentant la personne du souverain est exempt de la juridiction locale, d'autant plus doit l'être celui qu'il remplace. *Ergo*, et en vertu d'une conclusion *a fortiori*, le souverain est exterritorial [6]. Une argumentation pareille est évidemment un cercle vicieux où la position légale de l'ambassadeur doit être expliquée par le souverain et celle du souverain par l'ambassadeur. Quoiqu'il soit vrai que l'exemption de l'ambassadeur ressort entre autres de la représentation du souverain et de l'Etat qui envoie, l'immunité du souverain ne peut se référer aux droits de l'ambassadeur.

Bynkershoek revient toujours sur ce que l'ambassadeur, et partant le souverain, ne pouvant pas être considérés comme sujets du pays qui les reçoit, ils doivent être affranchis de

[4] Bynkershoek, *cap.* II.
[5] *De foro competente*, *cap.* VIII.
[6] *Cap.* III.

a juridiction civile et criminelle, aussi bien *ex delicto* que *x contractu.* La règle que le changement de domicile qui 'opère *de factò*, n'est pas prise en considération *de jure*, e trouve basée sur le consentement tacite ou spécial des ations [7]. Il trouve la cause de cette exemption des ambasadeurs dans le fait qu'ils représentent leur souverain, dans eur caractère d'intermédiaires et de négociateurs de la paix t des alliances, et dans la raison que sans leur concours le ommerce réciproque et la tranquillité des peuples ne pouraient exister. Bynkershoek ne définit pas en somme le éritable motif de l'exterritorialité, qui, en se servant des paroles les Digestes, consiste en *ne impediatur legatio*, ou *ne prohibeanur publico munere fungi*, ou *ne ab officio suscepto legationis vocentur*, ou *quod ab injuria hominum defensum atque moitum;* on ne peut également dire qu'il l'ait trouvé seulement lans le fait que l'ambassadeur représente la personne du souerain, car il a en même temps touché à la question de l'imortance de leur tâche [8]. De cette façon Bynkershoek e rapproche du principe décisif, d'après lequel les ambassaleurs jouissent des immunités territoriales surtout dans l'inérêt de l'indépendance du commerce international. Par ontre l'argumentation que l'ambassadeur n'est ni un habitant, i un sujet, et n'est pas arrivé chez nous pour y fixer son do-

---

[7] *Cap.* V et VI.

[8] Dans le *cap.* III auquel Gottschalk se réfère pour soutenir on opinion il n'y a, il est vrai, que « *quia principem repraesentant* » t « *in legato non licet, quod habeat quem repraesentat* ». Dans le *ap.* V il est dit cependant, outre « *quia imaginem principis ubique ircumferunt* » encore « *quia pacis et foederum nuntii sunt et proxae* » et « *et sine his gentium societas et beata quies salva esse quit* ».

micile, pensée qui se répète souvent, est insoutenable. Alt [9] a cherché à fonder encore une fois les immunités de l'ambassadeur sur le principe que ce dernier «ne devient pas sujet de l'Etat qui le reçoit». Zorn [10], trouve avec raison que ce raisonnement est inadmissible. Tout étranger par son séjour dans notre Etat y deviendrait sujet temporaire; cet état de choses se manifeste aussi pour l'ambassadeur en ce qu'il n'est pas libéré de certains impôts et doit se conformer aux prescriptions de police locales, etc. Il est vrai que ses privilèges lui assurent une position fort indépendante, mais il ne l'acquiert pas dans tous les cas, par la raison qu'il ne devient pas sujet de l'Etat étranger.

§ 9. Cette fiction, établie par la théorie, eut une grande influence sur la pratique, qui alla encore plus loin. Pendant que Grotius [1] et Wicquefort [2] maintenaient que le droit d'asile n'était pas fondé sur le droit des gens, ne pouvait se constituer qu'en vertu de traités spéciaux, et que Bynkershoek s'exprimait aussi d'une façon énergique contre «l'absurdité de ce privilège», le droit d'asile et le droit des quartiers étaient cependant considérés, nommément à Rome, à Madrid, à Venise et à Francfort s. le Main, pendant l'élection et le couronnement de l'empereur, comme partie intégrante du droit diplomatique. On comprend sous la franchise d'hôtel ou des quartiers la fiction d'après laquelle la demeure de l'ambassadeur, ou tout le quartier de la ville où se trouve situé

[9] Alt, *Gesandtschaftsrecht*, § 82.
[10] Dans *Hirths Annalen* 1882, p. 110.
§ 9. [1] *De jure competente, lib. II, cap.* XVIII, § 8.
[2] L'ambassadeur, liv. I, sect. 28.

l'hôtel de l'ambassade, sont considérés comme territoire de l'Etat que l'ambassadeur représente. A cette franchise se rattache le droit d'asile qui autorisait l'ambassadeur à créer un refuge au premier criminel venu, que les pouvoirs judiciaire et de policè de l'Etat ne pouvaient atteindre. L'absurdité de ces privilèges contraires au droit d'Etat, et le grand abus qu'on en fit aux XVIIe et XVIIIe siècles, motivèrent une suite de traités qui causèrent leur abolition. Aujourd'hui on ne pratique plus dans aucun Etat ni la liberté des quartiers, ni celle du droit d'asile pour les ambassadeurs [3].

L'incident qui s'est produit à ce propos, entre le pape Innocent XI et le roi de France Louis XIV est très remarquable [4]. Dans ses décrets de 1677 et 1680 Innocent avait déclaré qu'il voulait bien consentir encore à l'exercice de la liberté des quartiers pour les ambassadeurs actuels, mais qu'il était décidé pour l'avenir à n'admettre aucun ambassadeur avant qu'il ne se désistât de ce privilège. La plupart des gouvernements s'y soumirent, par exemple: la Pologne en 1680, l'Espagne en 1682, l'Angleterre en 1686, la Suède en 1687. Louis XIV seul ne voulut pas y adhérer et recommanda spécialement à son ambassadeur, Lavardin, envoyé en 1687 pour remplacer le duc d'Estrées, « de ne pas commettre une telle bassesse» en se soumettant à la volonté du pape. La conséquence en fut qu'Innocent, dans une Bulle, déclara de nouveau la liberté des quartiers

---

[3] Voir: Alt, pp. 78, 79, remarque; Martens *Erzählungen*, t. II, p. 367, 368, Merlin, Répertoire « Ministre public » traités d'abolition et dispositions légales à ce sujet promulgués par l'Espagne, le Portugal, la Suède, le Danemark, Venise, les Pays-Bas, la France et le pape.

[4] Bulmerincq, *Asylrecht*, pp. 128 et suiv.; Alt, pp. 74 et suiv.

abolie, excommunia Louis XIV et refusa audience à Lavardin. Louis XIV se vengea en interdisant au nonce du pape tout accès à la Cour, tant que le pape ne donnerait pas audience à son ambassadeur à Rome. Il prit en outre possession d'Avignon et du Comtat-Venaissin. Le pape ne se laissa pas intimider, et en 1689 la France finit par rappeler son ambassadeur. Innocent mourut dans la même année et Louis XIV chercha à donner à cet incident le caractère d'un différend personnel. Par la suite la France, quoique faiblement, continua cependant encore à insister sur la liberté des quartiers; plus tard elle dut forcément reconnaître l'impossibilité du maintien de ce droit.

On a essayé plusieurs fois dans la théorie de défendre l'idée du droit d'asile. Déjà Bynkershoek [5] déclare « qu'on n'a jamais inventé quelque chose de plus absurde que « le droit d'asile. Il y a peu d'absurdités qui n'aient au « moins un motif raisonnable quelconque pour base; trouve-« t-on ici quelque chose de semblable? Envoie-t-on des am-« bassadeurs pour défendre des voleurs et des brigands? La « chose est tellement claire, qu'il est inutile d'en parler sé-« rieusement ». Cependant Kulpis [6] et de Réal [7], trouvent le droit d'asile fondé sur le « droit naturel des gens ». De Réal soutient que le criminel couvert de la protection d'un ambassadeur fait partie de sa suite, et conséquemment ne peut être atteint par les tribunaux locaux. Saalfeld [8] penche pour le droit d'asile dans un certain sens. Il admet

---

5 *Cap.* XXI.
6 *Diss. de leg. Statuum Imperii etc. cap.* XX, § XI.
7 Science du Gouvernement, etc., t. V, sect. VIII.
8 *Völkerrecht*, § 68.

bien cependant que ce droit n'existe plus nulle part dans toute son étendue; si par contre un criminel privé se réfugiait dans l'hôtel d'une ambassade, le droit d'asile pourrait parfois être respecté afin d'empêcher une collision désagréable; mais s'agit-il d'un criminel d'Etat, cette protection ne peut plus être accordée. Saalfeld s'appuie à cette occasion sur Vattel, qui se contredit toutefois (§§ 117 et 118 du livre IV). Dans le premier de ces deux paragraphes (§ 117) il est d'avis que: «L'indépendance de l'ambassadeur serait fort imparfaite « et sa sûreté mal établie, si la maison où il loge ne jouissait « d'une entière franchise, et si elle n'était pas inaccessible « aux ministres ordinaires de la justice ». Dans le § 118 il dit cependant: « qu'un souverain n'est point obligé de souf- « frir qu'un ambassadeur étranger fasse de sa maison un asile « dans lequel il admet les ennemis du prince et de l'Etat, les « malfaiteurs de toute espèce, et les soustrait aux peines qu'ils « auront méritées ». Donc l'hôtel de l'ambassadeur paraît ne pas être « inaccessible aux ministres ordinaires de la justice ». « Quand il s'agit, continue Vattel, de certains délits com- « muns, de gens souvent plus malheureux que coupables, ou « dont la punition n'est pas fort importante pour le repos de « la société, l'hôtel d'un ambassadeur peut bien leur servir d'a- « sile ». — « Mais s'il s'agit d'un coupable dont la détention ou « le châtiment est d'une grande importance pour l'Etat, le prince « ne peut être arrêté par la considération d'un privilège qui « n'a jamais été donné pour tourner au dommage et à la « ruine des Etats ».

Indépendamment de ce qu'un simple soupçon ne justifie jamais une perquisition domiciliaire, la définition en elle-même « certains délits communs » et « gens plus malheureux que coupables », n'est pas assez positive pour qu'on puisse établir là-dessus une règle de droit. Et qui déciderait d'ailleurs si le délit est un de ces « certains délits communs », si le délinquant est « plus malheureux que coupable »? Serait-ce le gouvernement étranger? ou l'ambassadeur? Tous les deux pourraient prétendre à ce droit; car si le « châtiment du coupable est d'une grande importance » et si le délinquant est « plus coupable », la justice de l'Etat doit avoir son cours; par contre, si le délit est « commun » et le délinquant « plus malheureux » l'ambassadeur doit insister sur son privilège. Donc, suivant Vattel, il résulterait que dans le cas où un criminel se serait réfugié à l'hôtel de l'ambassade, il s'ensuivrait une discussion curieuse entre le gouvernement étranger et l'ambassadeur sur la question de savoir si le « châtiment du coupable » doit être envisagé comme étant « important », ou bien si le délit est « commun » et si le réfugié doit être considéré comme « plus coupable » ou « plus malheureux ». Calvo [9] maintient le droit d'asile pour les criminels politiques en s'appuyant sur les paroles de l'ambassadeur d'Espagne Albistur. Il nous semble que ni Calvo ni Albistur ne motivent leur opinion d'une manière suffisante.

L'expression que Grotius inventa et que Bynkershoek accepta et continua de développer à titre de fiction a été adoptée par la théorie et la pratique, à part quelques exceptions. Toutefois, les opinions des publicistes après Bynkershoek ont été très controversées. On distingue dans la théorie du droit international au XIXe siècle une

[9] Droit intern., t. I, § 589.

double direction: une tendance positive, se tenant à l'idée de l'exterritorialité, et une tendance négative la rejetant.

Les écrivains qui s'en tiennent à l'idée de l'exterritorialité peuvent être partagés en deux groupes distincts. Le premier se compose de publicistes qui, en suivant l'exemple de Grotius et de Bynkershoek, insistent sur la fiction de l'exterritorialité, et le second, par contre, de ceux qui ne l'emploient que comme terme expressif pour accentuer autant que possible la question des privilèges et exemptions des personnes et des choses auxquelles l'exterritorialité peut se rapporter.

§ 10. Au premier groupe appartiennent: Phillimore [1], Travers Twiss [2], Oppenheim [3], Fölix [4] G. F. Martens [5], Kent [6], Wheaton [7], Oke Manning [8], Charles de Martens [9], Miruss [10], Bello [11], Harburger [12], Calvo [13], Berner [14], Vesque de Püttlingen [15], Merlin [16], Gottschalck [17].

§ 10. [1] *International law*, t. II, § 179.
[2] *Peace*, § 200.
[3] *Völkerrecht*, p. 216.
[4] Droit international privé, t. I, § 208.
[5] Précis, t. II, §§ 172, 215.
[6] *Commentary on international law edited by Abdy*, p. 120.
[7] Elements, t. I, § 14.
[8] *Law of nations*, p. 110.
[9] Guide, t. I, p. 90.
[10] *Gesandtschaftsrecht*, t. I, § 342.
[11] Voir: *Gottschalck*, *Exterritorialität*, p. 20.
[12] *Inland*, p. 176.
[13] Droit international, t. I, § 522.
[14] *Wirkungskreis*, p. 206.
[15] *Internationales Privatrecht*, p. 147.
[16] Répertoire, t. XX, p. 305, « Ministre public ».
[17] *Exterritorialität*, pp. 20, 21, 49.

Leur opinion consiste dans l'idée que d'après la fiction de l'exterritorialité la personne jouissant de cette immunité, résidant *de facto* dans le pays étranger, doit être considérée *de jure* comme n'ayant pas quitté le territoire de son Etat.

§ 11. Au second groupe: Marquardsen [1], Frédéric de Martens [2], Bluntschli [3], Kaltenborn [4], Bulmerincq [5], Heffter [6], Alt [7], Schmelzing [8], Neumann [9], Zorn [10], Binding [11], Bar [12], Klüber [13], Geffcken [14], Stoerk [15], qui s'écartent de cette opinion en se servant de l'exterritorialité comme « d'une expression métaphorique » (« *metaphorischer Ausdruck* »), « d'un résumé figuré » (« *bildliche Zusammenfassung* »), « d'une représentation figurée » (« *bildliche Darstellung* »), « d'un état exclusif du droit des gens » (« *völkerrechtliches Ausnahmeverhältniss* ») et ainsi de suite.

En dehors de cela il y a encore des jurisconsultes qui sont contre l'exterritorialité. Si aux XVIIe et XVIIIe siècles on remarque un courant tendant à élargir autant que pos-

---

§ 11. [1] *Staatslexikon*, « *Exterritorialität* ».
[2] *Völkerrecht*, t. I, § 82.
[3] *Völkerrecht*, § 135.
[4] *Staatswörterbuch*, « *Exterritorialität* ».
[5] *Rechtslexikon*, « *Exterritorialität* ».
[6] *Völkerrecht*, édition de Geffcken, § 215.
[7] *Gesandtschaftsrecht*, § 64.
[8] *Völkerrecht*, t. II, p. 228.
[9] *Völkerrecht*, p. 163.
[10] Dans *Hirths Annalen*, 1882, p. 111.
[11] *Handbuch des Strafrechts*, t. I, p. 685.
[12] *Internationales Privat und Strafrecht*, § 115.
[13] *Völkerrecht*, § 204.
[14] Dans *Holtzendorffs Handbuch des Völkerrechts*, t. III, p. 654.
[15] Dans *Holtzendorffs Handbuch des Völkerrechts*, t. II, p. 656.

sible les privilèges de l'exterritorialité, de nos jours se manifeste un contre-courant cherchant à restreindre, ou même à abolir complètement le droit et l'idée de l'exterritorialité. Nous distinguons ici également deux groupes :

1. Les écrivains qui ne reconnaissent ni l'exterritorialité ni les droits qui s'y rattachent. D'après leur point de vue optimiste les raisons qui ont au moyen-âge fait admettre les immunités diplomatiques n'existent plus dans les temps modernes, et en présence de l'organisation juridique de l'Etat moderne les exemptions des ministres publics n'ont plus de raison d'être et ne peuvent être justifiées.

2. Les écrivains qui laissent subsister les droits qui composent l'exterritorialité, mais qui rejettent toute idée de fiction de droit et de terme figuré. Ils trouvent qu'une définition pareille n'est ni motivée ni utile.

§ 12. Au premier groupe appartiennent: Christian Wolff, Henri et Samuel de Cocceji, Antonio de Vera, Rotteck et Laurent.

Wolff [1] trouve l'exterritorialité superflue. Il pense que sans cette immunité l'ambassadeur peut parfaitement exercer son mandat, et qu'il n'y a aucune raison, comme le font certains publicistes, de chercher dans le droit naturel un point d'appui pour cette théorie. Ceux qui veulent, dit-il, faire dériver l'exterritorialité des ambassadeurs d'un caractère représentatif imaginaire, se trompent fort; le roi lui-même n'est roi que dans son royaume; sur le territoire étranger il est à considérer comme homme privé, excepté pour les marques de distinction et d'hommage qui lui sont dues à titre d'admi-

§ 12. [1] *Jus gentium*, § 1059.

nistrateur de son Etat. Si l'on suppose même que l'ambassadeur représente la dignité hiérarchique de son mandant, l'exterritorialité ne lui serait pas applicable pour cette unique raison, mais elle devrait être fondée sur des traités spéciaux.

Henri de Cocceji s'exprime, dans son[2] « *Disputatio de legato sancto non impuni* », de cette manière: « Nous « croyons que les ambassadeurs ne sont pas exempts de la « juridiction et du pouvoir du souverain auprès duquel ils « sont envoyés. S'ils commettent un délit ou passent un con- « trat dans le pays où ils sont accrédités, il s'établit pour « eux le *forum delicti* ainsi que le *forum contractus*. Le droit « des gens et leur caractère sacré ne peuvent s'étendre jus- « que-là. Le bon sens naturel dit que le pouvoir territorial « règne sur tout ce qui se trouve dans les limites du terri- « toire. Le droit naturel universel commande, il est vrai, la « sécurité *(securitas)*, et la sainteté *(sanctimonia)* des ambas- « sadeurs, mais on ne peut pas déduire de cela une exemp- « tion de la juridiction locale. Ne peuvent pas être considé- « rés comme sacrés ceux qui sont exclus des conséquences de « la loi, mais seulement ceux qui sont garantis contre l'in- « justice. Commettre impunément un crime n'est pas une « sainteté *(sanctimonia)*, mais au contraire une grande pro- « fanation *(profanitas)*. La raison recommande par conséquent « que les ambassadeurs élus officiellement jouissent de la « sécurité personnelle, mais non qu'ils restent impunis pour « les crimes qu'ils peuvent commettre ».

Samuel de Cocceji[3], en suivant l'exemple de son

[2] Dans son *Volumen exercitationum curiosarum*, t. II, pp. 451 et suiv. *disput. de leg.*, *cap.* II, § 3.

[3] Dans l'édition de Grotius, *De jure belli ac pacis*, t. III, p. 216 publiée par Samuel de Cocceji.

père, dit « qu'il n'y a qu'un seul pouvoir sur le territoire et « que par conséquent ni le souverain, ni l'ambassadeur, ne « peuvent être affranchis de sa juridiction. Le droit naturel « n'admet pas qu'on puisse prêter assistance à un criminel. « C'est absurde de donner aux ambassadeurs en pays étran- « gers plus de droits qu'ils n'en possèdent dans leur propre « pays. L'ambassadeur est dans tous les cas inviolable quant « à sa personne, mais on ne peut accorder cette inviolabi- « lité aux crimes. En dehors de ses fonctions, et d'autant « plus en cas de crime, l'ambassadeur n'est ni plus, ni moins, « qu'un homme privé. Le droit d'inviolabilité n'existe pour « les ambassadeurs qu'autant qu'ils ne transgressent pas les « limites de la loi et de l'honneur ». Cette dernière pensée, que l'ambassadeur en commettant un crime se dépouille lui-même de son privilège, a également servi à Antoine de Vera [4], pour mettre la question de l'exterritorialité en contestation. Une semblable réponse avait été faite par le roi des Ostrogoths Theodahat, qui, à la suite d'un adultère commis par l'ambassadeur de Justinien, lui enleva ses privilèges [5]: « Les ambassadeurs, dit-il, ne conservent leurs « droits et privilèges qu'autant qu'ils soutiennent la dignité « de leurs fonctions par une conduite sage et réglée ». Ces paroles, dites à l'époque de l'invasion d'un peuple qui se distingue par une législation incertaine, sont une preuve de l'inexpérience du roi en matières internationales. Toutefois Laurent [6] les cite avec emphase comme un résultat du « bon sens » et de la « droiture ».

---

[4] Le parfait ambassadeur, № XLV, p. 120.
[5] Laurent, Droit civil intern., t. III, p. 118.
[6] Laurent, Droit civil intern., t. III, p. 118.

« La fiction légale de l'exterritorialité, d'après l'avis de « Rotteck [7], est d'une part inutile pour le but qu'elle a « en vue, et d'autre part les conséquences qu'on en tire sont « rejetées par la pratique. Le droit des gens exige seulement, « pour les princes régnants et ambassadeurs séjournant sur « territoire étranger, la sainteté pour leurs personnes, c'est- « à-dire l'inviolabilité... La représentation de la fiction légale « dont il s'agit n'est pas absolument nécessaire, aussi bien « qu'il n'est pas nécessaire, pour recevoir dignement un hôte « honorable dans ma maison, ou un voyageur distingué ar- « rivé dans une ville étrangère, de recourir à la fiction légale, « que l'hôte ou le voyageur ne se trouve pas dans ma mai- « son, ou dans la ville, mais chez lui dans son pays. »

Le principal adversaire de l'exterritorialité est feu le professeur Laurent, de Gand. Dans son dernier ouvrage: Le droit civil international, il ne consacre pas moins de 173 pages dans le livre III à l'exterritorialité. Vu l'exposé détaillé qu'en fait l'auteur, et en considération de la place éminente qu'il occupe parmi les jurisconsultes de notre époque, son opinion mérite une attention particulière.

« Tout ce que l'on peut affirmer, dit-il (page 14), c'est « que l'inviolabilité des ambassadeurs a été admise dès que « les peuples ont eu la plus faible conscience du lien qui les « unit. Mais de là à l'immunité de toute juridiction, il y a « loin. On y est arrivé grâce au fétichisme de la royauté et « à l'orgueil princier. Les princes étaient au-dessus des lois, « dans les limites de leur territoire: comment auraient-ils « reconnu l'empire d'une loi étrangère? De là la fiction de

[7] *Staatslexikon « Exterritorialität »*, éd. de 1846.

« l'exterritorialité, qui les respecte toujours chez eux, là « où ils sont les maîtres, là où Louis XIV, ce type de la « vieille monarchie, pouvait dire: l'Etat c'est moi. Les princes « voulurent qu'on les idolâtrât à l'étranger, dans la personne « de leurs ambassadeurs, comme ils étaient adorés dans les « limites de leur souveraineté. Les jurisconsultes, grands par- « tisans du pouvoir royal, prirent au pied de la lettre les « grands mots d'indépendance et de liberté que les rois ont « toujours à la bouche quand il s'agit de couvrir des préten- « tions dictées par l'orgueil et la vanité. C'est ainsi que se « forma l'étrange fiction de l'exterritorialité, la plus absurde « que les légistes aient jamais inventée, car elle aboutit à « réputer les ambassadeurs absents là où ils doivent être « présents pour remplir leurs fonctions, et présents là où leur « ministère serait un non-sens, puisque le représentant n'a plus « rien à faire là où se trouve le représenté. Je reconnais « que mon opinion est à peu près isolée ». En définitive le raisonnement de ce Belge radical, qui cite à chaque page avec rage les paroles connues « l'Etat c'est moi » et ne se lasse pas de parler des « crimes des malfaiteurs oints », a trouvé peu d'adhérents.

« Il n'y a pas de droit contre le droit, poursuit-il, et « jamais la justice ne doit se taire devant un intérêt poli- « tique, quelque considérable qu'il soit. Dans le conflit de « l'intérêt et de la justice, c'est la justice qui l'emporte. « L'intérêt public demande que les princes s'envoient des « ambassadeurs. Soit, mais il y a un intérêt plus grand, pour « mieux dire, il y a un droit éternel et immuable, c'est que « l'empire de la justice ne soit jamais suspendu » (page 23). « La justice et l'immunité sont incompatibles: tout délit doit

« être réprimé, sinon il n'y a plus de justice » (page 126). Par conséquent: *fiat justitia, pereat mundus!* Les hommes ne sont pas là pour la loi, mais la loi est là pour les hommes et le développement social, les progrès de la civilisation, les exigences inévitables de l'histoire, ne se sont jamais arrêtés devant l'idée formelle du droit et de la légalité. Il y a au-dessus du droit, la vie. La révolution française, dont Laurent parle avec enthousiasme, porte-t-elle un cachet « de justice et de droit? » Et où existe enfin « le droit éternel et immuable, où l'empire de la justice ne soit jamais suspendu »? Le *strictum jus* devient *summa injuria*. *Salus populi suprema lex esto*. Le droit civil aussi bien que le droit criminel ne peuvent se défaire du principe de l'opportunité. A plus forte raison ce principe doit présider aux relations internationales où il s'agit du salut des peuples. L'exterritorialité étant une « cause d'utilité » ne perd nullement sa raison d'être.

Laurent se pose en « esprit qui nie toujours ». En répétant encore une fois (page 25) que son opinion est à peu près isolée, il s'attaque d'abord à la doctrine et conclut simplement: « Chaque auteur copie ceux qui l'ont précédé, puis « tous ces auteurs forment tradition » (page 105). Mais non seulement la doctrine, mais aussi la pratique, ne veulent se prêter à sa volonté. Cela ne lui fait rien: « Les faits n'ont « aucune importance quand ils sont en opposition avec l'idéal » (page 127). « Un fait n'a aucune autorité dans notre science « quand il est en opposition avec l'idée du juste que Dieu a « gravée dans notre conscience » (page 126). « La jurisprudence n'est une autorité que sous la condition d'être fondée « sur la raison » (page 68). « L'autorité de la jurisprudence

« est grande. A mon avis il y a une autorité plus grande « encore, celle de la raison et celle de la science qui s'appuie « sur la raison » (page 101). « Non, le fait ne suffit point, et « la coutume, fût-elle aussi certaine qu'elle l'est peu, n'a « point de garantie de durée si elle est en opposition avec « les principes de justice absolue auxquels on donne le nom « de droit naturel » (page 51). A la bonne heure, nous voilà de nouveau dans le droit naturel.

Fiore est parfaitement d'accord avec Laurent, auquel il se réfère souvent. D'après lui l'immunité absolue des ambassadeurs dans son sens international est une absurdité [8], [9].

---

[8] Nouveau droit international traduit par Antoine, t. II, p. 550.

[9] A ce groupe de publicistes il faut ajouter encore Roeder, (*Zeitschr. f. d. ges. Staatsw.* 1874, p. 69, remarque 4). Il pense que « cette exception, qui repose sur une fiction de droit intenable, ne pourra « être maintenue à l'avenir et que de nos jours elle a été exposée à de « telles attaques au sujet du personnel des ambassades qu'il en reste « fort peu de chose. Déjà le Code pénal saxon n'en voulait rien « savoir ». Sous le mot « attaques sérieuses » Röder sous-entend probablement les cas où les Etats, à bon escient, ont enlevé à leurs propres sujets la jouissance du droit d'exterritorialité. Qu'il reste par là « fort peu de chose », de l'exterritorialité, c'est incompréhensible. Quant à ce qui concerne le Code pénal saxon de 1855, nous nous trouvons ici en face d'un fait inexplicable. Dans la 1re partie, chap. I, art. 4, il est dit: « Les tribunaux du pays ne doivent procéder à une instruction « ou enquête judiciaire contre les personnes qui, d'après le principe du « droit des gens, jouissent des bénéfices de l'exterritorialité, que sur un « ordre exprès du ministre de la justice ». Cet article attribue par conséquent à certaines personnes « le droit d'exterritorialité ». Le Code criminel de 1838 dit: « Ces personnes, bien qu'elles séjournent « sur le territoire, ne seront *pas* assujetties au pouvoir du gouverne- « ment de l'Etat, en vertu du principe du droit des gens »; sur quoi en 1840 parut une disposition du ministre de la justice « que le privilège « ne doit s'étendre que sur les étrangers qui, à l'instar des personnes « princières et ambassadeurs des puissances extérieures, sont aptes à

13. Au deuxième groupe appartiennent: Pinheiro-Ferreira, Esperson, Hall, Ortolan.

Pinheiro-Ferreira [1] rejette complètement la fiction : « Parmi les nombreuses fictions, dit-il, que les jurisconsultes de l'école positive inventèrent pour suppléer aux principes d'une véritable jurisprudence, aucune n'est plus fausse « que celle de l'exterritorialité, soit qu'ils l'appliquent aux « monarques voyageant en pays étranger, soit qu'il s'agisse « des ministres diplomatiques dans les Etats du gouvernement auprès duquel ils sont accrédités. En effet, on est dans « l'usage d'accorder aux monarques, lorsqu'ils se trouvent en « pays étranger, des immunités. Mais sur quoi repose cette « concession? Est-ce un devoir, ou bien n'est-ce qu'un simple « égard pour leur haut rang? » « Au lieu de recourir à cette « stérile fiction, les publicistes auraient dû examiner le véritable fondement des immunités et exemptions qui sont « dues au diplomate étranger ; car ils ne sauraient disconvenir que, parmi celles qu'on leur accorde, les unes sont « rigoureusement dues à leur caractère diplomatique, tandis « que d'autres ne sont qu'une suite des égards que les gou-

« jouir du droit d'exterritorialité ». Le Code pénal saxon, comme on le voit « tient au droit d'exterritorialité et, malgré tout cela, il est ordonné que « les tribunaux ont seulement sur un ordre du ministre de la justice à procéder à une instruction judiciaire »; d'après notre avis c'est là une contradiction qui n'est pas à résoudre. (Voir: Wächter, *Das sächsische und thüringische Strafrecht*, p. 134—136, et Krug, *Commentar zum sächsischen Strafgesetzbuch*). Krug commente l'article 4 par ces mots : « Le juge aura à procéder contre lesdites personnes avec une discrétion particulière ». Le privilège d'exterritorialité ne consisterait d'après cela que dans la discrétion du juge.

§ 13. [1] Notes sur le Précis du droit des gens par Martens, t. II, § 171 et § 215.

vernements se plaisent à leur témoigner comme un gage de leurs dispositions amicales envers leurs souverains. Faute d'avoir fait cette distinction, les publicistes, et d'après eux les diplomates, ont prétendu faire un devoir aux gouvernements de ce qui n'est qu'une générosité de leur part ». — Du moment où les immunités dérivent du caractère public du souverain et du ministre diplomatique, on ne saurait en trouver le fondement ailleurs, la fiction de l'exterritorialité n'est nullement nécessaire; elle conduit même à de fausses conséquences, car il est positivement faux qu'on doive en agir envers la demeure de l'envoyé comme envers le territoire de son souverain ».

Esperson se prononce aussi contre les publicistes ui fondent le droit des ambassadeurs sur la « fiction stérile e l'exterritorialité ». Il dit [2] « *lasciate da parte la fin-ione e tenendo conto della natura delle cose.* » Il résulte de a « nature de la chose » que du moment où il a été reonnu à l'ambassadeur un caractère représentatif, il doit être raité de façon qu'il puisse remplir ses devoirs en toute sécuité; alors pourquoi cette fiction où la « nature de la chose » uffirait? Cette idée de se référer à « la nature de la chose » 'est que l'ancien droit naturel sous un nouveau jour. « Tout Etat, lit-on plus loin [3], a le droit de gouverner souverainement sur toute l'étendue de son territoire. Cependant la souveraineté ne doit pas être exercée de manière à rendre impossible le maintien des relations diplomatiques entre divers Etats. Voilà pourquoi elle est limitée par la voie des exceptions *(in via di eccezione)* à l'égard des ambassadeurs.

[2] *Diritto diplomatico*, t. I, § 150.

[3] *Diritto diplomatico*, t. I, § 151.

« Toutefois cette exception, autant qu'il est possible de lui « donner de l'extension, ne doit pas être portée à la hauteur « d'un principe et se trouver en contradiction avec le prin- « cipe même de la territorialité. Une exception doit toujours « se tenir dans les limites de la raison qui l'a créée [4]. »

« Il est clair, dit Hall [5], que la fiction de l'exterrito- « rialité n'est pas nécessaire pour expliquer l'immunité des « ambassadeurs et que son application est impossible. Elle « n'est pas nécessaire, parce que l'immunité qui se rattache « à certaines personnes et choses, a sa raison d'être dans la « connivence et la nécessité et parce qu'il existe un rapport « raisonnable entre son étendue réelle et celle qu'on pourrait « présumer; elle est impraticable parce qu'elle donne une « fausse représentation de l'identité des privilèges, qui sont « différents aussi bien à l'égard de leur objet qu'à l'égard « de leur étendue; et parce que la série des immunités n'est « pas en rapport avec la doctrine. On ne gagne rien en in- « troduisant la confusion d'une fiction, là où l'on trouve une « explication suffisante dans les exigences de la vie nationale. »

Ortolan rejette la fiction avec encore plus d'énergie. Il traite cette question dans ses Eléments de droit pénal [6] de la manière suivante: « Il existe, dit-il, une fiction qui a « cours dans toute la diplomatie, qui y est passée comme à « l'état d'axiome, et qui semble à plus d'un esprit, par la « force de l'habitude, rendre suffisamment raison des diffi-

---

[4] Pradier-Fodéré est évidemment de la même opinion, car tout son chapitre sur la « Base de la prérogative de l'indépendance » (Cours de droit dipl., t. II, pp. 43, 44) se compose d'extraits des §§ 148, 150, 151, 152, 153, t. I du *Diritto dipl.* d'Esperson.

[5] *International law,* § 57.

[6] T. I, § 521.

« cultés; savoir, que l'ambassadeur ou ministre diplomatique « est censé n'avoir pas quitté le territoire de l'Etat qu'il re« présente et que son hôtel, comme ses équipages, sont censés « être la continuation de ce territoire. C'est là ce qu'on nomme « le privilège de l'exterritorialité. Cependant, en fait, l'am« bassadeur est bien ici et non pas là; son hôtel, ses équi« pages, sont bien sur ce territoire et non pas sur cet autre; « la population qui l'entoure, les relations qu'il a avec elle, « les événements qui se passent chaque jour, se réfèrent bien « à ce pays et non pas à cet autre. La fiction de l'exterri« torialité se trouve en perpétuelle contradiction avec les « faits: de telle sorte que lorsqu'on en veut développer les « conséquences on est obligé de reculer devant un grand « nombre d'entre elles et que, d'accord sur la fiction, on n'est « plus d'accord sur l'application qu'il s'agit d'en faire. On croit « avoir donné une formule de solution, on n'a donné qu'une « image fausse, occasion de controverses multiples, sous laquelle « s'efface et disparaît la véritable raison de décider. Il serait « temps de rejeter de la pratique comme de la théorie ces « figures mensongères dont le droit romain et l'ancienne ju« risprudence avaient beaucoup répandu le goût. Une fiction, « c'est-à-dire quelque chose de contraire à la vérité, ne sau« rait être une raison; ceux qui ont le jugement droit l'ac« ceptent tout au plus comme une manière paraissant plus « commode et plus laconique d'exprimer une solution: « on « agira comme si... ». Même prise dans ce sens, elle est « pleine d'inconvénients, ainsi qu'on le voit pour la fiction « de l'exterritorialité. On se mettrait bien plus facilement « d'accord, et l'on arriverait à des solutions bien plus con« cordantes, si, au lieu de les tirer d'une telle fausse suppo-

« sition, on les cherchait simplement dans les conséquences « raisonnables de ce qui est le véritable motif de décider, à « savoir, la nécessité d'assurer aux ministres diplomatiques « toute la sécurité et toute l'indépendance nécessaires à l'ac- « complissement de leurs fonctions. »

PARTIE GENERALE.

L'exterritorialité en général.

CHAPITRE I.

Le principe de l'exterritorialité.

§ 14. L'expression exterritorialité [1], comme nous l'avons vu [2], est sortie d'une fiction. Nous trouvons-nous de fait dans l'alternative ou d'accepter la fiction, ou de la rejeter avec toute la doctrine de l'exterritorialité? Nullement.

Il n'est pas difficile de prouver que la fiction de l'exterritorialité, qui est loin d'expliquer la situation légale des personnes et des choses exterritoriales, a pour effet de produire une suite de grosses erreurs. D'abord, le droit d'asile et la franchise des quartiers, qui sont la conséquence logique de cette fiction, ont été contestés par des lois positives d'une manière précise; les privilégiés se garderont bien eux-mêmes de procéder à une seconde conséquence logique: à l'impossibilité d'entrer en relations d'affaires avec les populations environ-

---

§ 14. [1] Witte « *Meditationes de jure criminali respectu juris inter gentes institutæ* » considère cette expression (page 45) avec raison comme « *vox satis barbara* ».

[2] Voir § 6.

nantes. Si la personne exterritoriale doit, en vertu d'une fiction, se trouver dans sa patrie, elle ne peut, conséquemment, observer la règle *locus regit actum*, dont dépend toute relation d'affaires avec le lieu de séjour véritable.

Nous ne sommes pas encore au bout des difficultés. Si d'une part la fiction sort des limites légales tracées par les privilèges d'exterritorialité, d'autre part elle ne peut défendre les droits qui sont renfermés dans ces limites. Un exemple va le prouver: Le Code civil français dit, article 14: « Que « l'étranger se trouve en France ou ailleurs, il suffit qu'il « se soit obligé envers un Français, même hors de France, « pour qu'il soit justiciable des tribunaux français pour l'exé- « cution de ses engagements ». Le § 2 de l'article 105 du Code de procédure civile italien contient les mêmes dispositions. Il en résulte que la personne exterritoriale, malgré la fiction qui la considère comme séjournant dans sa patrie, peut être citée devant les tribunaux locaux en exécution des obligations contractées par elle dans son lieu de séjour. La fiction, par conséquent, ne produit dans ce cas aucune exemption de la juridiction étrangère. L'article 428 du Code civil français «dispense de la tutelle les militaires en activité de « service et tous autres citoyens qui remplissent, hors du ter- « ritoire de la république, une mission du gouvernement ». On se demande avec raison si cette disposition s'accorde avec la fiction de l'exterritorialité. Si la loi considère la personne exterritoriale comme résidant dans sa patrie, ce serait une contradiction manifeste de libérer une personne légalement présente à cause de son absence. Il est cependant hors de doute que la France réclame pour ses ambassadeurs et accorde aux ambassadeurs étrangers l'exterritorialité, mais assurément pas dans le sens d'une fiction de droit [3]. La même chose pourrait être démontrée pour tous les Etats civilisés. De là ressort l'impossibilité d'accepter la fiction pour base ou explication des droits d'exterritorialité.

Comment s'expliquer que malgré cela elle ait pris racine, dans la théorie et la pratique, et qu'elle subsiste encore? La raison en est qu'on a trouvé plus commode de s'en tenir au vague de la fiction pour ne pas suivre le chemin difficile de l'indication précise de chaque privilège exterritorial en particulier. On se plaît à faire des abstractions hardies, à parler de « ce qui n'existe que dans l'idée », à appliquer la méthode déductive, et on oublie, ce qui existe réellement, la matière positive du droit. Au lieu de préciser l'étendue des privilèges accordés, on tranche simplement le nœud souvent embrouillé de l'interprétation, par une décision aussi judicieuse que subtile. « L'ambassadeur est censé être »..., on s'arrête à ce raisonnement et on croit avoir tout dit.

Il est tout à fait indifférent, en droit, que l'ambassadeur se réfère ou non à cette fiction, comme il est insuffisant qu'il en appelle aux bénéfices de l'exterritorialité en bloc; il doit au contraire prouver séparément l'existence de chacune de ces prérogatives exterritoriales. En somme il n'existe pas de droit positif d'exterritorialité, mais une série de droits exceptionnels que la théorie réunit autour d'un principe, et comprend sous une expression collective. L'exterritorialité n'est pas un droit concret, mais une somme de privilèges séparés.

Les dispositions législatives qui se rapportent au droit

---

[3] Van Rojen, *De fictie der Exterritorialiteit*, 1885 (Diss.) accentue de nouveau la *fiction* de l'exterritorialité.

des gens et la coutume internationale visent, dans tous les Etats civilisés, à une concordance touchant l'état juridique de certaines personnes et choses (exterritoriales). De même que les grammairiens réunissent les mots et termes de la langue pour y découvrir des règles et des principes, de même nous réunissons les dispositions légales relatives aux personnes exterritoriales et nous y trouvons une idée fondamentale se répétant partout: la négation du principe territorial, qui est remplacé par un principe de subjection excluant le pouvoir territorial. Ce principe de subjection est précisément le principe de l'exterritorialité.

L'exterritorialité n'est pas une fiction, mais un principe de droit, qui soustrait les personnes exterritoriales au pouvoir territorial et les subjugue à un pouvoir public exterritorial. L'exterritorialité est, négativement, l'exemption du pouvoir territorial, positivement, la subjection à un pouvoir exterritorial.

CHAPITRE II.

Etendue de l'exterritorialité.

§ 15. Le chapitre précédent nous en ayant donné le principe, celui-ci nous en donnera les éléments, les droits d'où le principe doit émaner. Laissant de côté les particularités et anomalies dans les principes internationaux des différents Etats — nous rattacherons ce détail à notre partie spéciale — nous parlerons ici des normes de droit qui, reconnues également par tous les Etats civilisés, appartiennent au droit des gens commun.

Dans les différents cas d'application de l'exterritorialité la signification légale n'en est pas toujours la même. Tandis que l'exterritorialité s'étend à l'hôtel de l'ambassade tout en garantissant les privilèges de l'ambassadeur, le navire de guerre pourra servir d'asile; tandis que l'ambassadeur exerce sa juridiction dans des limites fort restreintes, les consuls en Orient possèdent la juridiction civile et criminelle sur leurs nationaux et protégés. Les publicistes ont cherché à déterminer cette étendue variable des privilèges. Perels [1] parle d'une « exterritorialité complète des navires de guerre ». Harburger [2] est de l'avis que les protégés des consuls jouissent d'une « exterritorialité entière ». Ces définitions sont cependant vagues et ne correspondent pas à l'état des choses. La différence également que fait Bar [3] entre l'exterritorialité réelle et personnelle n'est pas satisfaisante, car l'exterritorialité réelle des navires n'est en définitive qu'une conséquence de l'exterritorialité personnelle des militaires qui sont à bord.

L'exterritorialité n'est pas un privilège invariable, une fois pour toutes, mais un principe de droit international [4] qui s'applique différemment. Elle est ou négative, lorsque les droits de souveraineté territoriale n'ont aucun effet sur la personne exterritoriale, ou positive, lorsque le privilégié a même le droit d'exercer

---

§ 15. [1] *Seerecht*, p. 111.
[2] *Inland*, p. 154.
[3] *Internationales Privat und Strafrecht*, p. 154.
[4] Voir § 14.

des actes de souveraineté sur le territoire d'un Etat étranger. Bien que le territoire de l'Etat soit en principe le domaine exclusif du pouvoir public de cet Etat, il peut cependant exister, à côté du pouvoir de l'Etat constitutionnellement et politiquement reconnu, un autre pouvoir public qui, ainsi que cela se rencontre dans les arrondissements de justice consulaire en Orient [5], possède une partie des attributs de la souveraineté, c'est-à-dire qui n'exerce que certains droit de souveraineté, ou qui apparaît dans toute sa puissance, comme cela arrive sur les navires de guerre dans le territoire maritime d'un Etat étranger [6], et sur le territoire étranger occupé par des troupes [7]. Dans les deux cas, deux pouvoirs concourent ensemble: dans le premier en se complétant, dans le second, en s'excluant, l'un l'autre. Le pouvoir public, bien qu'il règne en principe exclusivement sur son territoire, se trouve obligé, à cause de circonstances particulières, comme par exemple par l'autorisation de séjour qu'il a donnée à des corps militaires ou marins étrangers, ou par l'occupation forcée de son territoire par une armée belligérante, de supporter côte à côte sur le territoire qui lui est soumis de droit un pouvoir public étranger, dans toute l'étendue et la plénitude de sa puissance souveraine. Le pouvoir exterritorial étranger concourt ici réellement avec le pouvoir territorial, et l'exterritorialité prend non seulement la signification d'une exemption de l'action des lois et du pouvoir des autorités locales, mais d'un exercice positif d'actes de souveraineté.

---

[5] Voir § 43.
[6] Voir § 44.
[7] Voir § 45.

C'est ainsi que l'exterritorialité des Européens dans les arrondissements de justice consulaire en Orient, des navires de guerre dans le territoire maritime étranger, et des troupes sur le territoire étranger, acquiert une signification positive.

Par contre l'exterritorialité des représentants diplomatiques et des souverains à l'étranger n'a qu'une signification négative qui se compose de:

L'exemption de la juridiction civile.

L'exemption de la juridiction criminelle

L'exemption de la juridiction de police.

L'exemption de la juridiction fiscale.

L'exemption de la juridiction ecclésiastique.

Par ces privilèges la personne exterritoriale obtient aussi, d'une manière indirecte, la prérogative du droit matériel de son pays[8], car si l'Etat de son pays d'origine voulait faire mettre à exécution sa sentence contre lui, il ne le pourrait que suivant les règles existantes chez lui. La personne exterritoriale est à juger d'après le droit matériel de son pays, elle est soumise aux lois de son Etat[9].

---

[8] Harburger, *Inland*, p. 102.

[9] C'est pourquoi l'effet de l'exterritorialité, comme l'avancent par exemple les deux Cocceji, Laurent, Stephanus Cassius, n'est pas l'impunité. Avis contraire et parfaitement juste soutenu par Zorn dans *Hirths Annalen* 1882, p. 118. Stephanus Cassius dans son ouvrage, *Dissertatio de jure et judice legatorum* (voir Merlin, Répertoire « Ministre public », p. 168), expose son opinion ainsi: Comme représentant de son souverain l'ambassadeur cesse d'être sujet. Il devrait conséquemment ne pas dépendre des lois comme son

Lesdites lois l'obligent toutefois de respecter également les dispositions législatives étrangères. Le Code pénal allemand par exemple, dans son article 4, § 3, menace de punition les faits et actes commis à l'étranger « qui d'après les lois « de l'empire d'Allemagne sont considérés comme crimes et « délits et sont punissables par les lois de l'endroit « où ils ont été effectués ». Il y a deux cas qui sont d'un intérêt tout particulier: Une chose peut être défendue à l'étranger et permise ou du moins non interdite par nos lois; secondement le cas peut se présenter où, au contraire, une chose est permise à l'étranger et défendue par nos lois. Dans le premier cas aucune peine n'atteint la personne exterritoriale, notre pays ne pouvant juger que d'après ses propres lois, conséquemment *nulla poena sine lege*. Le devoir de protection d'un Etat s'étend seulement sur ce qu'il a garanti par sa loi. Dans le second cas, où la personne exterritoriale commet des faits qui sont permis au lieu de son séjour à l'étranger, mais interdits par les lois de son pays, c'est l'objet contre lequel l'action a été dirigée qui donne le criterium de la pénalité de l'acte. L'action a-t-elle été dirigée contre un objet garanti par la loi de son pays — pénalité s'en suit; a-t-elle été dirigée contre un objet qui n'est pas garanti par la loi de son pays, — la poursuite judiciaire

---

souverain, et être irresponsable. Merlin réplique: que l'erreur de Cassius consiste seulement dans une fausse manière de s'exprimer. Par contre il est vrai qu'un ambassadeur, tant qu'il est revêtu de ses fonctions, ne peut être puni; car il se trouve pendant ce temps hors du territoire de son pays et par conséquent hors la juridiction de son souverain. Si Barbeyrac, dans ses notes sur Bynkershoek, doute que des idées comme celles de Cassius aient quelque chance de succès, il en est de même pour Merlin. Sa construction d'idées n'est pas meilleure que celle de Cassius.

n'a pas lieu, en égard premièrement à ce que d'après les lois de l'endroit où l'action a été commise rien de contraire à la loi n'a été effectué, et secondement parce que la personne exterritoriale n'a pas lésé un objet garanti par la loi de son pays [10]. L'impunité de l'action à l'étranger produit aussi par conséquent dans ce cas l'impunité de la personne exterritoriale, quoique, d'après la loi de son pays, l'action soit punissable [11].

Que le privilège de l'inviolabilité soit aussi contenu dans l'exterritorialité, c'est là une chose fort controversée. Il règne à ce sujet une curieuse divergence d'opinions:

Un groupe de publicistes fait dériver l'exterritorialité de l'inviolabilité: D'après Rayneval [12] et Charles de Martens [13], l'inviolabilité « entraîne après soi » l'exemption de la juridiction locale ou « soustrait », d'après Dalloz [14], l'ambassadeur à la susdite juridiction. La fiction de l'exterritorialité, ainsi que le suppose Merlin [15], est « un corollaire » du principe que la personne de l'ambassadeur étant inviolable, elle doit être conséquemment exempte de la juridiction locale. Hallek [16], accentue plusieurs fois que la véritable base de tous les privilèges diplomatiques se trouve

---

[10] Voir l'interprétation du § 4, № 3, du Code pénal allemand par Binding, *Handbuch des Strafrechts*, t. I, p. 436.

[11] On ne peut pas dire, par conséquent, que le lieu du séjour des personnes exterritoriales peut être assimilé à sa patrie pour toutes les questions du droit matériel, et particulièrement à l'égard des conditions de la poursuite criminelle (Harburger, *Inland*, pp. 101, 102). On voit ici également à quel point la fiction de l'exterritorialité est insoutenable.

[12] Droit des gens, p. 188.

[13] Guide, t. I, p. 85.

[14] Jurisprudence générale « Agent dipl. », § 126.

[15] Répertoire « Ministre public », p. 268.

[16] *International law*, pp. 210 et suiv.

dans l'idée même de l'inviolabilité. L'ambassadeur, en conséquence (« *as a consequence* ») de son caractère sacré et inviolable, doit être complètement affranchi de la juridiction locale. Calvo [17], trouve au contraire: « que le privilège « d'exterritorialité a pour effet direct l'inviolabilité person- « nelle, c'est-à-dire l'exemption de ceux à qui il appartient « de toute espèce de juridiction territoriale, de toute action « judiciaire ou de police, impliquant contrainte ou mesure « d'exécution. » Sans se rendre compte de la différence qui existe entre l'inviolabilité et l'exterritorialité, Wheaton [18], Phillimore [19], Kent [20], Twiss [21], Gand [22], Lorimer [23] emploient les deux expressions comme synonymes. Phillimore dit, par exemple: « Le droit d'inviolabilité, « quoique souvent traité séparément, est tout simplement le « droit d'exterritorialité sous un autre aspect: (« *another aspect of the right of exterritoriality* »).

On ne gagne également rien en définissant l'exterritorialité comme idée intrinsèque (« *Inbegriff* ») des droits afférents à l'ambassadeur en pays étranger [24]; on confond ainsi ensemble, ce qui appartient et ce qui n'appartient pas.

C'est entendre la chose à rebours, que d'adopter une triple division des prérogatives des ambassadeurs de façon à faire une distinction entre: I. l'inviolabilité (inviolabilité

---

[17] Le droit international, t. I, § 523.
[18] Eléments, t. I, p. 202.
[19] *International law*, t. II, pp. 219 et suiv.
[20] *Comm. on intern. law, chap.* III.
[21] *Peace*, § 200.
[22] Code des étrangers, p. 40.
[23] *Intern. law*, t. I, p. 249.
[24] Gottschalck « *Exterritorialität* », p. 20.

de l'ambassadeur, de sa correspondance, des courriers, juridiction civile de l'ambassadeur à l'égard de sa suite). II. l'exterritorialité (exemption des impôts personnels et de douane). III. l'immunité personnelle (exemption de la juridiction [25]).

Il convient de citer plusieurs publicistes qui séparent, il est vrai, l'inviolabilité de l'exterritorialité; ce sont nommément: G. F. Martens [26], Oppenheim [27], Saalfeld [28], Schmelzing [29], Kluber [30], Alt [31], Miruss [32], Pradier-Fodéré [33], Heffter [34], Bluntschli [35], Neumann [36], Bulmerincq [37], Holtzendorf [38], F. de Martens [39]; mais cette séparation n'est pas toujours satisfaisante. Holtzendorf, par exemple, dit: « L'inviolabilité garantit l'ambassadeur contre l'attaque des particuliers dans un Etat étranger, et nommément contre tous « préjudices de la part d'un gouvernement étranger ». Si l'on voulait sous-entendre sous l'inviolabilité de l'ambassadeur, non seulement une protection pénale plus élevée, mais aussi une garantie contre toute contrainte et violence de la part

[25] Cussy, Dictionnaire du diplomate, p. 580.
[26] Précis, §§ 214; 215.
[27] *Völkerrecht*, p. 216.
[28] *Völkerrecht*, pp. 139 et suiv.
[29] *Völkerrecht*, t. II, pp. 219 et suiv.
[30] Droit des gens, §§ 203, 204.
[31] *Gesandtschaftsrecht*, p. 63.
[32] *Gesandtschaftsrecht*, pp. 407 et suiv.
[33] Cours de droit dipl., t. II, pp. 9 et suiv.
[34] Heffter-Geffcken, *Völkerrecht*, pp. 433 et suiv.
[35] *Völkerrecht*, §§ 191, 196.
[36] *Völkerrecht*, pp. 162 et suiv.
[37] *Völkerrecht*, § 73.
[38] *Völkerrecht*, § 49 dans son *Encyclopädie*.
[39] *Международное право*, t. II, p. 40.

du pouvoir territorial contre l'ambassadeur ou sa demeure, une séparation entre les deux droits diplomatiques, essentiellement différents l'un de l'autre, de l'inviolabilité et de l'exterritorialité, serait impossible. Aussi les écrivains qui se placent à ce point de vue, classent-ils l'inviolabilité de l'hôtel de l'ambassade, la défense de mesures de police contre la correspondance de l'ambassadeur, d'une façon tout arbitraire, tantôt dans l'inviolabilité, tantôt dans l'exterritorialité de l'ambassadeur. Egalement, il reste indéfini si le droit de légitime défense contre l'ambassadeur, appartenant à l'Etat, déroge à l'inviolabilité ou à l'exterritorialité. Sans motifs légaux suffisants l'Etat ne doit pas en général user de violence contre aucun étranger; si un motif légal identique à celui qui subsisterait à l'égard de personnes privées, n'existe pas pour l'ambassadeur, c'est seulement parce que l'ambassadeur est exempté de l'influence du pouvoir territorial de l'Etat, en d'autres termes — qu'il est exterritorial.

Essayons de définir l'idée de l'inviolabilité, en tenant séparés dans notre conception le caractère sacré, l'inviolabilité et l'exterritorialité de l'ambassadeur.

Les Digestes contiennent la règle: *Si quis legatum hostium pulsasset, contra jus gentium id commissum esse existimatur, quia sancti habentus legati* [40]. D'après cette disposition les ambassadeurs sont sacrés. Les anciens étaient de l'avis que les ambassadeurs se trouvaient sous la protection des dieux; ils étaient *religione inviolati;* celui qui les offensait, fût-ce l'Etat ou une personne privée, offensait également les dieux. Voilà l'essence du caractère sacré, qui ne se trouve

---

[40] *Dig. l. L. tit. VII. De legat. leg. ult.*

pas dans le droit des gens moderne, car celui-ci ne contient point de préceptes religieux [41].

L'article 261 du Code pénal russe dit: « Quiconque aura « insulté publiquement par un acte, ou par des paroles in- « solentes ou inconvenantes, un ambassadeur étranger, un « envoyé ou tout autre agent diplomatique, avec l'intention « de manifester du mépris pour le gouvernement qu'il re- « présente..., subira la peine de l'emprisonnement dans une « forteresse... accompagnée de la perte de tous droits et pri- vilèges ». Le Code pénal allemand consigne au § 104 ce qui suit: « Celui qui se rendra coupable d'une offense contre la « personne d'un ambassadeur ou chargé d'affaires accrédité « auprès de l'Empire, d'une Cour princière de la Confédéra- « tion, ou auprès du Sénat d'une des villes hanséatiques libres, « sera puni d'un emprisonnement dont la durée peut atteindre « une année, ou bien encore d'une détention d'égale durée « dans une forteresse ». De semblables dispositions légales se rencontrent dans la législation de la plupart des Etats civilisés. Quelle est la raison pour laquelle la menace de punition est incomparablement plus forte pour l'offense faite à un ambassadeur que pour celle faite à un autre étranger quelconque? L'art. 84 du Code pénal français nous en don- nera l'explication; il est de la teneur suivante: « Quiconque « aura, par des actions hostiles, non approuvées par le « gouvernement, exposé l'Etat à une déclaration de guerre, « sera puni du bannissement, et, si la guerre s'en est suivie, « de la déportation ». La raison est par conséquent dans le danger appréhendé par l'Etat. Le malfaiteur offense dans

[41] Ce serait un anachronisme étonnant d'invoquer au XIXe siècle pour les prérogatives des ambassadeurs, leur caractère sacré.

la personne de l'ambassadeur étranger, d'une part la dignité de l'Etat représenté par l'ambassadeur, et, d'autre part, met en danger la sûreté de son propre gouvernement; il est un double criminel d'Etat — il doit donc être puni avec plus de sévérité. L'ambassadeur est ainsi protégé par la loi à un degré plus élevé contre les attaques illégales de la part des personnes privées; il est *lege inviolatus* et c'est en cela que consiste son inviolabilité. L'idée de l'inviolabilité de l'ambassadeur ne peut pas être celle qu'il soit impossible de le léser physiquement, ni celle d'une défense spéciale de le léser, car l'Etat défend en général de léser ou d'offenser toute personne quelle qu'elle soit. L'idée de l'inviolabilité de l'ambassadeur ne peut être que celle d'une protection légale plus élevée, contre toutes attaques illégales de la part de personnes privées.

Rappelons-nous maintenant la définition de l'exterritorialité. Considérée au point de vue négatif, elle est l'exemption du pouvoir public territorial et au point de vue positif — la subjection à un pouvoir public exterritorial. La différence des deux idées saute aux yeux: L'inviolabilité est une norme, qui concerne les actes des personnes privées; l'exterritorialité est une norme pour le pouvoir public; la première défend une action illégale, la dernière ne prend pas en considération la légalité ou l'illégalité de l'action. La sentence du tribunal local fût-elle aussi juste et fondée que possible, ce dernier devrait quand même s'abstenir d'en prononcer une. Il reste, bien entendu, aussi bien à l'Etat qu'à la personne privée, le droit de légitime défense, qui ne doit cependant jamais devenir un motif légal pour l'exécution d'une sentence. L'inviolabilité par conséquent n'appartient pas aux privilèges d'exterritorialité.

CHAPITRE III.

Fondement, justification et interprétation de l'exterritorialité.

§ 16. Les règles de l'exterritorialité ne se fondent pas sur un soi-disant droit naturel ou sur « la nature des choses ». Elles ne sont pas les conséquences d'une fiction, ne résultent pas, d'une manière spéculative, de l'idée de l'exterritorialité, mais elle sont fondées sur le consentement des nations, — sur un consentement formel ou tacite résultant d'actions concluantes, comme par exemple la réception d'un ambassadeur. L'exterritorialité ne se base pas sur une construction d'idées *a priori*, mais sur des lois et traités positifs et sur la coutume internationale. On ne saurait cependant se ranger de l'opinion de Zorn [1] que l'exterritorialité ne s'étend que jusqu'aux limites des préceptes du droit positif et ne doit pas être complétée par des principes généraux. Portalis ne voulait rien moins que nier l'existence de l'exterritorialité en proposant de rayer du projet du Code civil français l'article relatif aux privilèges des ambassadeurs. Il en exposa les motifs en disant: « Nous ne parlons pas des ambassadeurs, ce qui les concerne est réglé par le droit des gens et par les traités ». Le droit des gens n'est pas codifié et la France n'a pas conclu de traité par rapport à l'exter-

§ 16. [1] *Hirths Annalen*, 1882, p. 111.

ritorialité des ambassadeurs. Qui pourrait cependant affirmer que pour cette raison la France ne reconnaît pas les privilèges exterritoriaux? Qui dirait cela de l'Italie, où il n'existe également pas de dispositions législatives sur cette matière? De même l'exterritorialité des navires de guerre étrangers séjournant dans le territoire maritime allemand n'est reconnue spécialement dans aucune loi, cependant il n'y a pas de doutes là-dessus [2].

L'exterritorialité se justifie par la nécessité de la communauté internationale et le salut public des Etats. Comme toute grande institution qui au détriment de l'intérêt particulier existe pour l'utilité publique, l'exterritorialité a quelque chose d'inique. C'est ici que peut être appliqué le mot de Tacite que nous avons choisi pour devise: *Habet aliquid ex iniquo omne magnum exemplum quod contra singulos utilitate publica rependitur.* Le reproche de machiavélisme [3] est d'après nous une phrase qui ne dit rien.

La justification de l'exterritorialité est d'une importance capitale pour l'interprétation de ce privilège. Elle doit s'en tenir rigoureusement aux buts que les Etats avaient en vue en la reconnaissant. Si la connivence ici a bien engendré des développements inutiles, ce qui peut être approuvé à l'égard du maintien de la paix, il faut cependant prendre en considération que *cessante ratione,* le privilège perd la justification de son existence [4]. Dans les pays où l'on

[2] Comparez à ce sujet les explications de la Cour pour des conflits de compétence en Bavière en date du 5 mars 1885 dans *Hirths Annalen*, 1885, p. 336.

[3] Laurent, Droit civil intern., t. III, p. 23.

[4] Voir par exemple à ce sujet le § 18.

rencontre des dispositions légales à ce sujet, des controverses d'interprétation ne peuvent surgir. Dans le cas contraire cependant, si l'Etat ne fixe pas dans sa législation les privilèges d'exterritorialité, et abandonne, comme la France, cette matière au droit des gens qui n'est point codifié, l'interprétation de l'exterritorialité devient d'une importance particulière. Elle peut arriver à un résultat vraiment utile pour la pratique si elle ne s'attache pas à des idées philosophiques, mais au contraire au but réel de l'exterritorialité.

Nous passons maintenant à la considération spéciale des cas d'application de l'exterritorialité, en faisant une distinction entre les personnes exterritoriales prises séparément et les communautés de personnes exterritoriales.

PARTIE SPÉCIALE.

L'exterritorialité en particulier. Les personnes exterritoriales.

SECTION I.

LES PERSONNES EXTERRITORIALES PRISES SÉPARÉMENT.

CHAPITRE I.

Les ministres publics [1].

I. L'EXTERRITORIALITÉ DES MINISTRES PUBLICS EN GÉNÉRAL.

§ 17. L'exterritorialité s'est principalement formée du droit diplomatique et trouve son application principale dans la situation privilégiée des ambassadeurs. Elle se justifie par la situation de l'ambassadeur *représentant* la souveraineté, par le caractère *diplomatique de son emploi* fort important, facilement exposé, et par la *connivence des nations*.

L'exterritorialité fonde sa base juridique, d'une part sur la renonciation à l'exercice du pouvoir territorial (*exemp-*

---

§ 17. [1] Les agents ou ministres munis de pouvoirs et accrédités sont indifféremment appelés, d'une manière générale, sans s'arrêter à leur rang et à leur classe, ministres publics.

tion du ministre public); d'autre part sur l'assurance de l'exercice du pouvoir exterritorial (subjection du ministre public). Le consentement des Etats est formel ou tacite. La réception de l'ambassadeur, si aucune volonté n'a été exprimée de part ou d'autre, est en même temps pour l'Etat qui le reçoit une renonciation tacite, pour l'Etat qui l'envoie une acceptation tacite de l'exercice de son pouvoir sur le ministre public. Cette présomption de l'exterritorialité est basée sur la reconnaissance que l'ambassadeur ne peut, sans son appui, remplir la tâche qui lui incombe; c'est pour lui *conditio sine qua non.*

L'histoire nous offre un cas [2] dans lequel nous voyons une négation de l'exterritorialité: la célèbre circulaire attribuée à *Philippe II* d'Espagne. Dans cette circulaire, à l'occasion d'un incident survenu à Madrid, le roi adopta une juridiction sur les ambassadeurs accrédités auprès de lui, et les mêmes droits furent concédés par rapport à ses agents diplomatiques aux souverains respectifs. Cependant par la suite ces principes n'ont plus été suivis dans la pratique espagnole; car en 1601, peu après la promulgation de cette circulaire, le neveu et quelques personnes de la suite de l'ambassadeur de France à Madrid, Antoine de Silly, ne furent pas jugés pour un crime commis par eux, mais, sur sa réclamation, furent livrés à la France. D'autre part, la reine Elisabeth d'Angleterre ne punit pas l'ambassadeur de Philippe II, Bernardin de Mendoza, qui s'était rendu coupable de crime de haute trahison en s'associant à une conspiration

[2] Le fait est raconté par Antoine de Vera dans son ouvrage l'Ambassadeur. Wicquefort (t. I, sect. XXIX), trouve le récit douteux, ne l'ayant trouvé dans aucun autre auteur.

contre sa vie; la reine se contenta de le renvoyer hors du territoire [3].

L'exterritorialité est étroitement liée au caractère officiel de l'ambassadeur, sa personnalité n'y est pour rien. Sans l'autorisation de son gouvernement il ne peut renoncer ni pour lui, ni pour le personnel officiel de son service, à l'exterritorialité, ni se dépouiller lui-même comme on le croit à tort [4] de ce privilège par suite d'un acte, quelconque.

Les règles de l'exterritorialité n'ont donc pas le caractère de privilèges personnels; elles ne se rapportent pas à la personne de l'ambassadeur, mais au chargé d'affaires et

---

[3] Wicquefort, t. I, sect. XXIX.

[4] Dans un Mémoire de M. d'Aiguillon, ministre des affaires étrangères de l'époque de Louis XV, il est dit entre autres (voir Gérard de Rayneval, Droit des gens, note 42, livre II): « Un ministre public perd son immunité et se rend sujet à la juridiction locale, « lorsqu'il se livre à des manœuvres qui peuvent être considérées comme « crime d'Etat ou qui troublent la sécurité publique ». A un autre endroit: « L'immunité étant fondée sur une convention et toute convention étant « réciproque, le ministre public perd son privilège lorsqu'il « en abuse contre les intentions constantes des deux souverains. C'est « pourquoi un ambassadeur ne peut mettre son privilège en avant, pour « se libérer du paiement des dettes contractées par lui dans son lieu de « séjour». Nous trouvons une construction d'idées semblable chez Pelzhofer, Barbeyrac, Thomasius, Hélie (voir Bar, p. 573, et Merlin, Répertoire, t. XX, p. 298), Esperson, Laurent (voir plus haut dans notre ouvrage, §§ 12, 13), Fiore (t. II, p. 584). Rayneval également fait fausse route en disant (Droit des gens, liv. II, chapitre XIV, § 5): « qu'un ambassadeur qui a l'imprudence de prendre des « engagements personuels, renonce au moins tacitement à « toute immunité à l'ombre de laquelle il pourrait les éluder et il « s'expose sciemment à toutes les poursuites nécessaires pour l'obliger « à y faire honneur... C'est par une conséquence nécessaire de ces maxi« mes qu'un agent politique, s'il se permet de faire « des dettes, peut être forcé de les acquitter».

au représentant d'un Etat souverain étranger. Elles lui garantissent une indépendance absolue, à laquelle l'Etat qui le reçoit ne doit pas porter atteinte. De son côté l'ambassadeur a le devoir de se conserver moralement indépendant. Il ne doit accepter, du souverain auprès duquel il est accrédité, aucune charge de Cour, aucun titre ou nomination à un poste d'honneur, aucune pension officielle ou secrète, sans l'autorisation de son souverain. Toute autre façon d'agir pourrait donner lieu à des sentiments de reconnaissance qui altéreraient sa liberté morale. L'ambassadeur d'Autriche près la Porte-Ottomane, M. de Brognard, fut insulté à une procession. Désireux avant tout de conserver de bonnes relations avec l'Autriche, le grand-vizir essaya d'étouffer cet éclat par la splendeur d'un cadeau orné de diamants. Brognard accepta le cadeau et fut pour cette cause rappelé par son gouvernement [5].

C'est pour ce motif qu'on évite de faire faire à un ambassadeur un trop long séjour auprès de la même Cour; on craint que des rapports trop intimes ne s'établissent entre lui et la Cour étrangère, au détriment des intérêts de son gouvernement.

§ 18. Le but de l'exterritorialité est de débarrasser les fonctions diplomatiques de tous les obstacles de la part du pouvoir de l'Etat étranger. Ce but ne peut être rempli que dans l'Etat qui reçoit l'ambassadeur et où les fonctions diplomatiques doivent être exercées. Il est clair par conséquent que les privilèges d'exterritorialité n'ont pas de raison d'être dans les Etats que l'ambassadeur ne fait que traverser. Ils ne peuvent

---

[5] Miruss, t. I, p. 417.

être réclamés par lui que dans le cas où une loi spéciale existerait à ce sujet, loi établie par déférence *motu proprio* comme par exemple: l'édit des Pays-Bas [1] du 9 septembre 1679. En l'absence d'une disposition spéciale de ce genre l'Etat qui sert de passage jouit à l'égard de l'ambassadeur de tous les droits qu'il peut avoir contre une personne privée [2]; il peut même, lorsqu'il le soupçonne dangereux ou suspect, lui interdire le séjour dans les limites de ses frontières. C'est ce qui arriva par exemple, en 1854, à Soulé, ambassadeur des Etats-Unis de l'Amérique du Nord, auquel le séjour de Paris fut inter-

§ 18. [1] « *Dat de Ambassadeurs, hier te lande kommende, residirende og passerende* »... Bynckershoek interprète «*passerende*» d'une fausse manière (*cap.* IX), les publicistes modernes d'une façon plus juste.

[2] Cette question est fort controversée chez les anciens auteurs. Grotius dit que la défense de toute violence contre l'ambassadeur n'oblige que celui auprès duquel il est envoyé et seulement après qu'il l'aura reçu. (*De jure belli ac pacis*, t. II, *cap.* XVIII, § 5, № 1). Bynkershoeck soutient que les ambassadeurs qui traversent le territoire d'un *tiers* Etat sont, comme tout autre étranger, soumis à la juridiction civile et criminelle de cet Etat, et s'appuie en même temps sur Gentilis, Zouch, Huber et Wicquefort. (Voir Bynkershoeck, *De foro comp. cap.* IX). A cette opinion se range aussi Oppenheim (*Völkerr.*, p. 264). Par contre quelques écrivains soutiennent le point de vue opposé (voir Merlin, Répertoire « Ministre public », p. 264). Maillardière fait la différence, lorsqu'un souverain demande à un autre Etat l'autorisation de passage pour son ambassadeur, et qu'elle lui est accordée, l'ambassadeur jouit « de la protection du droit public »; sans cette demande d'autorisation par contre l'ambassadeur dans un *tiers* Etat n'est à considérer que comme homme privé. Dalloz (Jurisprudence générale « agent diplomatique », § 100) ne se contente pas de cela et pense que lorsque l'ambassadeur par ses passeports peut constater son caractère diplomatique, il doit être partout traité comme ambassadeur. Vattel (liv. IV, chap. VII, § 84), fait une différence inutile entre l'usage de tous les droits des ambassadeurs et leur inviolabilité; la dernière reviendrait à l'ambassadeur partout où il se trouverait. Merlin est de la même opinion (« Ministre public », p. 275).

dit. Lorsque Soulé assura qu'il avait seulement l'intention de traverser la France pour se rendre à Madrid, son passage fut autorisé [3].

La Prusse dit même catégoriquement dans sa déclaration du 24 septembre 1798 que: « tout ambassadeur étranger accrédité auprès d'un *tiers* Etat, peut être arrêté s'il « traverse le pays » [4].

Pour l'Empire d'Allemagne l'exterritorialité se présente sous deux aspects: Si l'ambassadeur est accrédité auprès d'une des puissances de la Confédération, ses privilèges d'exemption ont une valeur seulement sur le territoire dudit Etat. S'il est accrédité auprès de l'Empire d'Allemagne, son exterritorialité est en vigueur dans toute l'étendue de l'Empire, par conséquent dans chaque Etat de la Confédération.

§ 19. Il semblerait facile de prime abord de déterminer le temps pendant la durée duquel l'exterritorialité conserve son efficacité; ce temps peut être calculé par l'Etat qui reçoit un ambassadeur reconnu en cette qualité, à partir du moment de la remise de ses lettres de créance jusqu'à la cessation de ses fonctions. Ce serait parfaitement juste au point de vue juridique, car l'exterritorialité n'a aucun but tant que l'ambassadeur n'est pas entré en fonctions. C'est par courtoisie seulement que dans le commerce des nations, les limites de ce privilège ont été élargies.

Lorsqu'un souverain a fait choix d'un ambassadeur pour l'accréditer auprès d'un autre Etat, il est d'usage d'adresser à cette puissance une demande tendant à faire connaître

---

[3] Martens, Guide, t. I, p. 119.

[4] Miruss, t. I, p. 435.

si cet agent lui convient, s'il lui est *persona grata* [1]. La réponse qui est presque toujours affirmative, provoque la communication officielle, de la part de l'Etat qui envoie, de la prochaine arrivée de l'ambassadeur. D'après la coutume internationale. ce dernir jouit des privilèges d'exterritorialité, à partir du moment de son entrée sur le territoire de l'Etat auprès duquel il est envoyé jusqu'au moment de la sortie dudit domaine territorial [2]. Pendant cette durée de temps l'exterritorialité agit sans interruption dans l'Etat étranger, même par rapport aux délits que l'ambassadeur aurait commis avant de revêtir son caractère officiel. Après la cessation des effets de l'exterritorialité, l'ancien ambassadeur peut être poursuivi par l'Etat pour tous les actes illégaux commis par lui et non frappés de prescription [3].

§ 20. Une controverse qui prépare bien des difficultés pour la théorie, c'est la résolution d'un cas souvent traité: à savoir si l'ambassadeur peut être sujet de l'Etat qui le reçoit et comme tel prétendre aux droits d'exterritorialité. Quoiqu'on puisse admettre que la qualité de sujet dans l'Etat qui reçoit et la représentation diplomatique de l'Etat qui envoie, constituent des rapports de droit incompatibles [1], (sens dans lequel plusieurs Etats se sont

§ 19. [1]) Voir le discours du prince de Bismarck sur la candidature au poste d'ambassadeur du Cardinal Prince de Hohenlohe, dans *Hirths Annalen* 1872 pp. 1106 et suiv.

[2] Berner, p. 212; Zorn dans *Hirths Annalen*, 1882, p. 119; Binding, *Handb.*, t. I, p. 686; Alt, § 58; Gottschalck, p. 78; Vattel, liv. IV, § 83; Klüber, § 204; Heffter-Geffcken, § 210; Calvo, t. I, § 515; Phillimore, t. II, § 153.

[3] Binding, *Handb.*, t. I, p. 686, № 2.

§ 20. [1] Voir les déductions logiques de Gottschalck, p. 53. Bynkershoek (*cap.* XI) défend l'opinion contraire, que la qualité de sujet

prononcés d'après leur législation), il n'y a cependant pas de raison pour présumer envers le sujet de l'Etat une défense d'accepter un poste diplomatique étranger. Assurément, en l'absence de dispositions légales contraires, les privilèges d'exterritorialité semblent ne pas s'accorder avec la qualité de sujet; néanmoins l'admission d'un indigène au titre d'ambassadeur d'un Etat étranger, en l'absence d'une loi qui le défend, doit être considérée comme une renonciation temporaire aux droits de souveraineté auxquels il est soumis à titre de sujet de l'Etat. Dans la pratique des Etats il est une fois pour toutes généralement reconnu qu'un ambassadeur a besoin de l'exterritorialité pour remplir son mandat. Quiconque dans sa patrie a été nommé représentant d'un gouvernement extérieur et si l'Etat qui reçoit l'accepte comme tel, cette acceptation implique la déclaration tacite qu'il sera accordé à l'agent diplomatique la jouissance de ses privilèges, privilèges qui d'après l'expérience lui sont indispensables pour l'exercice de ses fonctions. Si l'on voulait lui denier ses privilèges, on se trouverait en présence d'une contradiction inextricable: on accepte l'ambassadeur et on ne lui accorde pas les droits d'exterritorialité. On sait cependant d'après la pratique que sans ces droits il n'est pas en état de remplir convenablement sa charge. En même temps on rendrait illusoires [2] les résultats

---

dans l'Etat qui reçoit et la qualité d'ambassadeur pour l'Etat qui envoie, ne sont pas des idées incompatibles et incapables d'être réunies ensemble.

[2] Binding déclare *(Handb.*, t. I, p. 689, remarque 11): « La « maxime plusieurs fois exprimée que l'acceptation d'un sujet de l'Etat « comme ambassadeur, par le gouvernement auprès duquel il est accré- « dité, contient une renonciation tacite aux devoirs de sujétion du susdit « personnage, n'est pas fondée. On peut aussi bien soutenir que l'Etat « qui accrédite le sujet d'un Etat étranger auprès de cet Etat en qualité

de la mission de son propre ambassadeur, d'après le principe de réciprocité.

Un cas intéressant tiré de la nouvelle pratique judiciaire en France confirme notre opinion. Quoique le gouvernement français se soit, en principe, prononcé contre l'admission d'un sujet français en qualité d'ambassadeur étranger, il fit cependant une exception dans la personne de M. Herran, représentant diplomatique de Honduras. Herran avait été assigné devant le tribunal civil de la Seine par plusieurs porteurs d'obligations de la république sud-américaine qu'il représentait en France. Le tribunal civil de la Seine rendit le jugement suivant: « Attendu qu'Herran a été accré-« dité en qualité de ministre plénipotentiaire de « la république de Honduras près le gouvernement français, « que représentant un gouvernement étranger, il n'est pas « justiciable des tribunaux français, même relativement aux « actions qu'il peut avoir accomplies comme personne privée. « attendu que s'il est vrai qu'il a conservé sa qua-« lité de Français, il n'en jouit pas moins

---

« d'agent diplomatique, renonce pour lui au privilège d'exterritorialité ». Nous croyons que, en considération de ce que l'exterritorialité est une *conditio sine qua non* pour l'exercice des fonctions d'ambassadeur, ceci ne peut être soutenn. Bynkershoek, *cap.* XVIII, Heffter, § 214, Alt, §§ 37, 85, Klüber, §§ 186, 210, 211, sont de l'avis que pour un ambassadeur au service étranger employé dans son pays tous les droits d'exemption cessent. Oppenheim, p. 266, Charles de Martens, Guide, t. I, p. 89, Calvo, § 564, Vattel, livr. IV, § 112, par contre lui accordent l'exterritorialité pour ses fonctions diplomatiques. Cette distinction entre le service officiel et les actes privés est sans valeur au point de vue du droit et amène en réalité à la prohibition complète des privilèges... La limite entre l'activité privée et l'activité officielle diplomatique est tellement subtile, qu'il suffit d'une *mala fides* pour placer l'une à la place de l'autre.

« des immunités diplomatiques inhérentes à la « fonction dont il est investi, et qu'il serait contraire « au droit des gens et à l'indépendance des « nations que le représentant de l'une d'el- « les fût justiciable des tribunaux du pays « où il représente un Etat souverain, par « ces motifs le tribunal déclare nulle l'assignation délivrée « à Herran » [3].

Nous admettons que l'Etat qui reçoit, arrive à se trouver dans une position tout à fait anormale vis-à-vis de son sujet; c'est cependant la conséquence logique de l'incompatibilité entre la représentation diplomatique de l'Etat qui envoie et la qualité de sujet dans l'Etat qui reçoit. Chaque Etat peut facilement éviter cet inconvénient, en refusant de recevoir comme ambassadeur étranger un sujet de son pays. Plus ces rapports sont discutables en théorie, plus il semble nécessaire de les déterminer par des dispositions légales.

En principe certains Etats nient la possibilité d'accepter les lettres de créance d'un sujet comme ambassadeur d'un Etat étranger:

1. Dans une ordonnance des Pays-Bas, en date du 29 juin 1681, il est dit [4]: « Aucun sujet ne sera admis à « l'exercice des fonctions d'ambassadeur d'une autre puissance, « à moins qu'il ne renonce à sa qualité de sujet et qu'il se « soumette à la juridiction civile et criminelle. Quiconque se « laisserait accréditer en qualité d'ambassadeur sans faire « mention de sa qualité de sujet de l'Etat, perdrait de ce fait « la jouissance des privilèges attachés à la charge d'ambas-

[3] Pradier-Fodéré, Cours, t. II, pp. 138 et suiv.; Calvo, t. I, § 565.
[4] Bynkershoek, *cap.* XI.

« sadeur ». Une autre résolution, en date du 17 octobre 1727, déclare catégoriquement: « qu'aucun sujet de la république « ne serait admis à l'avenir à l'exercice des fonctions d'am- « bassadeur d'une puissance étrangère » [5].

2. La Suède publia le 20 novembre 1727 une ordonnance d'après laquelle aucun sujet suédois, né en Suède, ne pouvait être accepté comme ambassadeur d'une autre puissance, et en outre aucun Suédois ne pouvait entrer au service d'un ambassadeur étranger [6].

3. La Confédération Germanique, dans une déclaration au Sénat de la ville libre de Francfort, en date du 23 octobre 1816, art. 5, arrêta: « Que dans l'avenir, elle « considérerait comme un principe, de n'accepter aucun individu « se trouvant à l'égard de la ville *in nexu civico;* celui-ci ne « pourrait être nommé et reçu comme ambassadeur de la « Confédération, excepté pour la ville de Francfort même » [7].

4. En France existe un décret, en date du 26 août 1811, par lequel il a été fixé que: « Les Français au service « d'une puissance étrangère ne pourraient jamais être accré- « dités comme ambassadeurs, ministres, ou envoyés, auprès de « la personne du chef du gouvernement français, ni reçus « comme chargés de missions, situation qui les mettrait « dans le cas de paraître devant Sa Majesté avec leur cos- « tume étranger » [8].

---

[5] Alt, p. 44, remarque 1.

[6] Alt, p. 44, remarque 1.

[7] Miruss, t. II, annexe 50, № V, p. 291.

[8] Merlin, Répertoire, t. XX, p. 271; Alt, p. 44, remarque. 2. D'après l'article 17, № 2, du Code civil français la personne en question perd par l'acceptation de la charge d'ambassadeur, *eo ipso*, la nationalité française. Les mêmes principes ont existé en Saxe, Mecklem-

5. L'Espagne détermine « que ses nationaux peuvent seuls être nommés ambassadeurs près les puissances étrangères » [9].

6. L'Autriche, dans un décret de Cour en date du 7 septembre 1826, fixe: « Que la libération des ambassadeurs « représentant un Etat étranger ne pouvant se concilier avec « les obligations d'un sujet, dorénavant aucune autorisation « ne serait délivrée à un sujet autrichien d'accepter à la « Cour d'Autriche un emploi diplomatique d'ambassadeur [10]. « Les personnes diplomatiques sujets du pays, accréditées par « les puissances étrangères près la Cour de Sa Majesté, et « exerçant ces fonctions présentement, sont, en vertu du décret « de 1829, soumises à la juridiction des tribunaux ordinaires, « aussi bien en matière réelle que pour les questions de droit « personnel ». (Décret de la Cour du 15 mars 1834) [11].

7. L'Empire d'Allemagne accorde à ses sujets l'autorisation d'accepter une charge étrangère d'ambassadeur: « Si les chefs et membres de missions diplomatiques accrédi- « tées près l'Empire d'Allemagne sont des sujets appartenant « à l'un des Etats de la Confédération, ils seront exemptés « de la juridiction des tribunaux locaux, en tant que l'Etat « auquel ils appartiennent aura renoncé à une juridiction sur « eux » (§ 18 de la loi sur la Constitution judiciaire). « Les « membres de la Confédération qui sont envoyés par l'Etat,

---

bourg, Oldenbourg, Saxe-Altenbourg, Anhalt et Hambourg. Voir Harburger, *Inland*, p. 182, remarque 21. D'après le droit américain et anglais l'appartenance à l'Etat par contre a un caractère indélébile.

[9] Fölix, t. I, § 218.

[10] Winiwarter *Das Personenrecht nach dem österreichischen bürgerlichen Gesetzbuch*, t. I, p. 164; § 38 du Code civil autrichien.

[11] Geller, *Oesterreichische Justizgesetze*, t. V, p. 5.

« dans le domaine duquel se trouve le siège du Conseil de « la Confédération, n'ont pas droit à l'exterritorialité » (§ 18, № 2, de la loi sur la Constitution judiciaire).

8. Le droit civil général pour les Etats prussiens fait une différence peu claire entre les actes privés et officiels de l'ambassadeur; il dit § 37 ce qui suit: « Les indigè- « nes, vassaux et sujets, qui, avec l'autorisation du souverain « du pays, sont accrédités auprès de lui par une Cour étran- « gère, restent, quant à leurs affaires privées, soumis aux lois « de leur patrie». L'annexe au § 1 ordonne: «La mesure dans « laquelle les indigènes, vassaux et sujets du souverain sont « soumis, quant à leurs affaires privées, aux lois de leur pays, « lorsqu'ils sont autorisés à y représenter une Cour étrangère, « dépend principalement des conditions auxquelles cette autori- « sation a été donnée ». L'effet de l'exterritorialité dépend par conséquent d'une autorisation spéciale.

§ 21. Pour donner à l'ambassadeur une complète liberté d'action dans l'Etat qui reçoit, l'exterritorialité de sa personne seule ne suffit pas. Sa charge et ses devoirs représentatifs le mettent en rapport direct avec son entourage, — ensemble par le canal duquel le pouvoir étranger peut agir indirectement sur lui. C'est pourquoi l'exterritorialité de l'ambassadeur a été étendue sur certaines personnes et choses, ayant toutes une relation intime avec l'exercice de ses fonctions. Pour cette cause les personnes qui jouissent de l'exterritorialité sont: l'épouse, les enfants, ainsi que les autres membres de la famille de l'ambassadeur [1]; son per-

§ 21. [1] Dans une cause contre l'épouse du baron de Pappenheim, ambassadeur de Hesse à Paris, la Cour de justice (Cour royale de

sonnel de service, savoir: les secrétaires et les attachés d'ambassade, et le personnel de sa maison. Il y a seulement à considérer que les privilèges d'exterritorialité étant attribués à l'ambassadeur sous la condition de *bona fides*, ce dernier ne doit pas recevoir dans sa suite des personnes qu'il aurait l'intention de soustraire aux poursuites judiciaires. Du reste la plupart des Etats réclament des ambassadeurs accrédités une liste des personnes attachées à l'ambassade, afin d'éviter cet inconvénient.

L'exterritorialité par rapport aux domestiques doit décidément être interprétée d'une manière restrictive. Quelques écrivains trouvent la conservation de cette immunité tellement indispensable, que sans elle il leur semble que l'on devrait à peu près renoncer aux bénéfices découlant des immunités de l'ambassadeur. Il nous paraît cependant inadmissible que pour une personne qui s'est engagée librement par contrat à un service, la juridiction des tribunaux à laquelle elle était auparavant soumise puisse être écartée. L'indépendance de l'ambassadeur serait certainement garantie si, avant une arrestation ou perquisition domiciliaire, etc., concernant un membre de la domesticité, il lui en était d'abord donné avis. D'autre part, le renvoi dans la patrie de l'ambassadeur d'un criminel faisant partie de la domesticité, pourrait susciter de grands inconvénients. Si l'on reconnaît aussi l'exemption complète du serviteur, celle-ci n'existant que dans l'intérêt de l'ambassadeur, on devrait la considérer comme pouvant seulement suspendre, mais non exclure, l'effet de la justice de

---

Paris, IIIe chambre), en audience publique le 21 août 1841, se déclara incompétente, la baronne de Pappenheim jouissant des immunités de son mari. Phillimore, t. II, appendice V, pp. 604—605.

l'Etat étranger; de façon que le domestique, après avoir été congédié par l'ambassadeur, pût être arrêté pour les crimes qu'il aurait commis pendant qu'il était au service de ce dernier.

Les règles du droit relatives à ce sujet dans les différents Etats s'écartent peu les unes des autres.

1. En Russie, l'art. 229 [2] du Code de procédure criminelle dit: « Les plaintes contre les actes illégaux de personnes appartenant aux missions et ambassades étrangères. « ne peuvent être acceptées qu'après les négociations diplomatiques nécessaires, entamées à cet effet avec les chefs « immédiats des accusés ». Ceci est donc une confirmation de l'exterritorialité. L'article suivant, 230, porte cependant: « Les plaintes contre les actions illégales de personnes qui « se trouvent au service des ambassadeurs et autres agents « diplomatiques, sont soumises à la juridiction pénale d'après « les dispositions générales, lorsque toutefois à l'égard de ces « derniers aucune exception n'a été apportée dans les traités « avec les puissances étrangères; seulement la citation à comparaître devant le juge d'instruction et le tribunal doit leur « parvenir par l'intermédiaire du ministère des affaires étrangères ». L'observation à l'art. 225 du Code de procédure civile [3], ordonne: « Les personnes qui se trouvent au service « des ambassadeurs et autres agents diplomatiques étrangers sont soumises à la juridiction des autorités judiciaires, d'après les dispositions générales de la loi sur la « compétence judiciaire; seulement, la citation pour com-

[2] *Уставъ уголовнаго судопроизводства.*
[3] *Уставъ гражданскаго судопроизводства.*

« paraître devant le tribunal leur est transmise par l'inter-« médiaire du ministère des affaires étrangères».

2. Dans la déclaration de l'Assemblée de la Confédération Germanique du 23 octobre 1816, § 3, il est dit: «La famille et le personnel domestique de l'ambas-« sadeur sont exempts des juridictions civile, criminelle et de « police de la ville de Francfort» [4].

3. Le projet du Code civil français contenait la règle suivante: «De même ne seront pas traduits ni en ma-« tière civile, ni en matière criminelle, devant les tribunaux « français, les étrangers qui composent la famille de l'ambas-« sadeur ou qui feront partie de sa suite» [5].

4. Le statut de la reine Anne d'Angleterre de l'an 1709 dit «que tous les décrets et ordonnances d'après lesquels « les domestiques ou serviteurs de l'ambassadeur pourraient « être arrêtés ou emprisonnés, seront pour tous les cas nuls « et non avenus» [6].

5. Les mêmes dispositions se trouvent dans l'acte du Congrès des Etats-Unis de l'Amérique du Nord, de l'année 1790 [7].

6. L'ordonnance royale danoise du 8 octobre 1708 renferme à peu près les mêmes dispositions: «Nous ordonnons, « dit le roi Frédéric IV, qu'aucun domestique appartenant « à un ministre public ne soit arrêté» [8].

7. L'édit des Pays-Bas du 9 septembre 1679 dit «que

[4] Miruss, t. II, p. 287, annexe 50.
[5] Laurent, Droit civil intern., t. III, p. 6.
[6] Miruss, t. II, p. 253, annexe 38.
[7] Martens, *Erzählungen*, t. II, pp. 397, 398.
[8] Martens, *Erzählungen*, t. I, p. 353.

« les domestiques des ambassadeurs ne peuvent être ni arrêtés « ni emprisonnés pour dettes contractées par eux dans le pays» [9].

8. En Portugal, d'après une ordonnance du roi Jean IV [10], «l'exemption de l'ambassadeur s'étend à tous ceux « qui font partie de sa suite, pour le servir et l'accompagner, « et qui ne sont pas sujets portugais de naissance».

9. Le § 38 [11] du Code civil autrichien accorde généralement «aux personnes qui se trouvent au service des « ambassadeurs, les immunités fixées dans le droit des gens « et les conventions officielles», mais l'Autriche fait une différence tranchante entre sujets et non sujets. Un décret de Cour du 7 février 1834 dit: «Les serviteurs de la maison « et les domestiques qui sont sujets de l'Etat auquel l'ambas-« sadeur appartient, sont exemptés de la juridiction civile « ordinaire; par contre les sujets des Etats autrichiens et de « tierces puissances sont soumis à la juridiction des tribunaux « ordinaires en tant qu'il n'intervienne d'arrangements à ce « sujet avec certaines ambassades».

Il est stipulé dans un décret de Cour du 19 septembre 1837: « Les tribunaux devront toujours demander l'exécution de « leurs arrêts contre les sujets autrichiens ci-dessus dénommés « par un office adressé au grand-maréchal de la Cour. Ce « dernier, après l'assentiment de l'ambassadeur respectif ob-« tenu, doit veiller à l'exécution de l'arrêt du tribunal». Dans le cas où le consentement serait refusé on aurait à en appeler à l'intermédiaire de la chancellerie intime de la Cour et de l'Etat.

---

[9] Bynkershoek, cap. IX.
[10] Gottschalck, p. 63.
[11] Winiwarter, t. I, p. 163.

Si en suivant cette voie on n'arrivait pas à obtenir ce consentement, le plaideur serait en droit de demander au tribunal la nomination d'un curateur qui représenterait sa cause; la plainte ou le jugement lui seraient remis. On voit avec quelle prudence on agit afin de ne pas exposer l'ambassadeur à un acte de violence quelconque. Plus loin le même décret de la Cour ordonne: «Les tribunaux ordinaires « autrichiens ne pourront exercer une juridiction civile contre « les personnes, attachées au service des ambassades étran- « gères, qui ne sont pas sujets autrichiens, que dans les procès « où un étranger absent du territoire pourrait être attaqué « par les tribunaux autrichiens» [12]. Cette disposition est une inconséquence, qui ressort exclusivement de la fiction de l'exterritorialité [13].

10. Le Code civil général de Prusse contient, § 36, la disposition suivante: «Les personnes au service des ambassa- « deurs et résidents des puissances étrangères conservent « leurs franchises d'après le droit des gens et les conventions « internationales».

11. Les dispositions du § 18 du Code d'organisation judiciaire dans l'Empire d'Allemagne (c'est-à-dire l'exterritorialité) trouvent «une application à l'égard des « membres de la famille de l'ambassadeur, du personnel « officiel et des domestiques qui ne sont pas Allemands» (§ 19 du Code d'organisation judiciaire).

§ 22. L'ambassadeur est le chef de tout le personnel de l'ambassade et possède en cette qualité une juridiction disciplinaire. Mais a-t-il encore d'autres droits

[12] Geller, *Oesterreichische Gesetze*, t. V, p. 6.
[13] Voir plus haut, § 14.

judiciaires? Grotius [1] était de l'opinion, que l'Etat qui reçoit avait à décider sur l'admissibilité de la juridiction personnelle des ambassadeurs. Par contre Bynkershoek [2] soutenait que l'Etat qui envoie avait seul le pouvoir d'accorder ce droit. Une combinaison des deux opinions donne le vrai principe ; la juridiction personnelle exige un double titre légal et ne peut se produire que lorsque l'Etat qui envoie et celui qui reçoit consentent des deux parts [3]. Elle se borne aujourd'hui, dans la plupart des Cours européennes, à la juridiction volontaire en matière civile et à un soi-disant «premier procédé (*erster Angriff*)» en matière criminelle. C'est-à-dire que l'on procède après l'arrestation à la constatation des faits et le délinquant est renvoyé ensuite dans sa patrie, où il est l'objet d'une instruction formelle. L'ambassadeur est, à cette occasion, en droit de requérir les autorités et les tribunaux locaux [4]. Pour les délits ou contraventions de police, l'ambassadeur ne doit jamais dépasser la mesure d'une punition correctionnelle [5]. L'histoire nous offre beaucoup d'exemples où ce droit fut transgressé.

---

§ 22. [1] *De jure belli ac pacis*, lib. II, cap. XVIII, § 8, № 2.

[2] *Cap.* XV.

[3] Zorn envisage la question à un juste point de vue (dans *Hirths Annalen* 1882, p. 87), par contre Alt se fonde sur la base du « droit des gens naturel ».

[4] Zorn, dans *Hirths Annalen* 1882, p. 119.

[5] De même Martens, Précis, § 219, Bluntschli, §§ 216, 217, 220, 221. Calvo, t. I, § 604; avis contraire Wheaton, Elém., t. I, p. 202, Twiss, *Peace*, p. 307, Vattel, liv. IV, chap. IX, § 214, qui: en suivant les anciens publicistes (voir Bynkershoek, *cap.* XX), reconnaissent que l'ambassadeur a juridiction civile et criminelle sur sa suite; ils admettent cependant que d'après l'usage moderne les délinquants ne doivent être qu'arrêtés et expédiés ensuite dans leur patrie pour qu'il soient l'objet d'une instruction judiciaire.

Par exemple le Marquis de Rosny, plus tard Duc de Sully, condamna à la peine de mort en 1603, lorsqu'il était envoyé extraordinaire du roi Henri IV à la Cour d'Angleterre, un gentilhomne de sa suite qui avait commis un meurtre à Londres. Ce gentilhomme fut livré aux tribunaux anglais pour l'exécution de sa sentence [6]. Un ambassadeur d'Espagne près la république de Venise prononça une sentence de mort contre son domestique et le fit pendre à une fenêtre de son hôtel. C'est de la même façon que procéda un ambassadeur de France à Londres à l'égard de l'un de ses domestiques qui s'était rendu coupable d'un vol [7].

Quelquefois les ambassadeurs confient la juridiction correctionnelle aux autorités de la police locale, comme cela est arrivé au congrès de paix à Münster et à Nimègue en 1677 [8]; plus tard à celui de Reiswick en 1697 [9] et 1778 [10], lorsque les ambassadeurs du Reichstag à Ratisbonne consentirent à ce que la garde de la ville, en visitant les cafés et les restaurants, enlevât les cartes aux personnes attachées au service des ambassades, lorsqu'elles jouaient un jeu de hasard.

§ 23. Parmi les choses qui sont indispensables pour l'accomplissement des fonctions d'ambassadeur se trouve en première ligne: l'hôtel de l'ambassade ou généralement la demeure de l'ambassadeur, en tant cependant qu'elle est occupée par lui, sa famille et sa suite: ensuite les équipages, ainsi que les objets mobiliers à l'usage

---

6 Wicquefort, lib. I, sect. XXVIII.
7 Calvo, t. I, § 609.
8 Alt, p. 101.
9 Alt, p. 101.
10 Alt, p. 102.

de l'ambassadeur, objets se rapportant à son caractère officiel d'ambassadeur. L'exterritorialité de l'hôtel de l'ambassade ne peut cependant dans aucun cas être considérée comme droit d'asile et n'est pas à comprendre dans le sens d'une fiction par laquelle la demeure de l'ambassadeur peut être regardée comme territoire de l'Etat qui envoie [1] [2].

Le 24 avril 1867 un sujet russe, Nikitschenkow, attenta, dans l'hôtel de l'ambassade à Paris, à la vie d'un attaché russe, M. de Balsch. Le coupable fut arrêté par les agents de la police française requis à cet effet, et conduit en prison; mais son extradition fut ensuite réclamée par le baron de Budberg, ambassadeur de Russie à Paris, absent au moment de l'événement. L'hôtel de l'ambassade, prétendit-il, est dans la sphère exterritoriale, c'est pourquoi le coupable doit être livré à la Russie. Le gouvernement français répliqua avec raison que le principe de

§ 23. [1] L'opinion de Calvo (t. I, p. 608), que dans la demeure de l'ambassadeur les délinquants dépendent des autorités de l'Etat qui envoie, repose sur l'idée erronée de la fiction de l'exterritorialité appliquée à l'hôtel de l'ambassade. « L'hôtel de la légation, dit-il, est regardé comme un territoire étranger ». De même Lorimer *(law of nations*, t. I, p. 248), croit que « *a house of english ambassador is english ground* ». D'ailleurs des tournures de phrase de ce genre se trouvent souvent dans les ouvrages sur le droit des gens. Le style ordinaire peut se permettre ces inexactitudes, mais les hommes du métier devraient se servir d'expressions plus explicites.

[2] On ne peut pas conclure (Zorn dans *Hirths Annalen* 1882, p. 114), du § 20 du Code d'organisation judiciaire allemand « qu'il « n'existe d'après la jurisprudence allemande aucune exemption de l'hôtel « de l'ambassade ». Le § 20 prononce un principe du droit des gens généralement reconnu, qui n'est pas en contradiction avec l'autre principe, que l'hôtel de l'ambassade doit se trouver dans la sphère exterritoriale par rapport à l'ambassadeur.

l'exterritorialité n'était pas applicable dans ce cas et le gouvernement russe finit par reconnaître la compétence des tribunaux français [3].

Lorsque les sujets du pays dans le sens restreint ou étendu, *subditi temporarii* ou *perpetui*, commettent un méfait dans un hôtel d'ambassade, la compétence des tribunaux locaux doit être absolument reconnue; ce qui n'empêche pas que l'hôtel de l'ambassade soit exterritorial, dans le sens d'une exemption du pouvoir territorial de l'Etat, autant que cela paraîtrait nécessaire pour le libre exercice des fonctions de l'ambassadeur. Il est défendu aux organes de la justice et de la police, sans une autorisation expresse de la part de l'ambassadeur, d'étendre leur compétence sur ses choses exterritoriales. Nonobstant, il serait permis de réclamer la délivrance du coupable, au cas où l'ambassadeur se croirait en droit d'arrêter le cours de la justice en donnant refuge aux criminels, et, si cette extradition était refusée, de pénétrer dans l'hôtel de l'ambassade ou d'arrêter le carrosse de l'ambassadeur pour s'emparer par force du fugitif. Dans un cas pareil on doit cependant agir avec lès plus grand ménagements et s'abstenir de violence contre la personne et les choses privilégiées de l'ambassadeur; ce qui peut facilement arriver et sans le vouloir, en pénétrant de force dans l'hôtel de l'ambassade, aussi a-t-on trouvé un palliatif. On cerne l'hôtel pour empêcher l'évasion du coupable et pour gagner le temps nécessaire afin de faire des représentations au gouvernement dont relève l'ambassadeur. Sur un simple soupçon aucune perquisition ne doit avoir lieu dans les appartements

---

[3] Ф. Мартенсъ, *Международное. право*, t. II, p. 44.

de l'ambassade. D'un autre côté l'ambassadeur est obligé, sous peine de voir suspendre les immunités d'exterritorialité applicables à son hôtel de donner sur réquisition les renseignements nécessaires. Il n'a pas besoin de se présenter devant le tribunal, ni de tester par devant la justice.

Il est clair que ce n'est pas le séjour dans l'hôtel de l'ambassade, ni le carrosse de l'ambassadeur qui produisent les bénéfices de l'exterritorialité, mais la qualité personnelle en elle-même. D'après ce principe le gouvernement espagnol enleva de force en 1872 le duc de Ripperda de l'hôtel de l'ambassade d'Angleterre, malgré que ce dernier eût été recueilli avec l'assentiment du gouvernement de l'ambassadeur [4]. De même un ambassadeur de France à Venise fut forcé de livrer un Vénitien qui lui avait communiqué des secrets d'Etat et s'était refugié chez lui [5]. Un cas pareil se renouvela lorsqu'en 1747 un négociant suédois à Stockholm accusé de haute trahison, se réfugia à l'hôtel de l'ambassade d'Angleterre [6]. Quoique le marquis de Fontenay, ambassadeur de France à Rome, voulut, en 1750, favoriser la fuite de quelques conspirateurs napolitains en leur prêtant sa voiture, ces derniers furent néanmoins arrêtés [7].

L'exterritorialité de l'hôtel de l'ambassade a légalement été fixée dans des cas fort rares.

1. La Russie donne à l'exterritorialité des hôtels d'ambassades une assez grande extension. L'article 1246, № 3, du Code de procédure civile dit: [8] « Le débiteur ne

[4] Bynkershoek, *cap.* XXI.
[5] Bulmerincq, *Asylrecht*, p. 129.
[6] Calvo, t. I, 588.
[7] Vattel, liv. IV, § 119.
[8] *Уставъ гражданскаго судопроизводства.*

« peut être arrêté dans le palais ou dans la demeure des ambassadeurs et autres agents diplomatiques ». L'article 360 du Code de procédure criminelle contient ce qui suit: [9] «Perquisitions domiciliaires et arrestations ne peuvent avoir lieu dans les demeures des ambassadeurs étrangers, qu'après « négociations préalables à ce sujet avec le ministère des « affaires étrangères ». Dans les lois de procédure judiciaire et d'exécution en matière civile, il est dit à l'article 532 [10]: « Les devoirs de la police quant à l'exécution des jugements « rendus par les tribunaux sont soumis aux restrictions suivantes... (№ 2) dans les affaires où il s'agit de procéder à l'exécution dans les demeures des ambassadeurs et envoyés, la police doit d'abord entrer en négociation avec le « ministère des affaires étrangères ». La négociation diplomatique par conséquent est mise en avant, après quoi, avec le consentement bien entendu du gouvernement étranger ou de l'ambassadeur, la justice suit son cours ordinaire.

2. Dans la déclaration précitée de la Confédération Germanique de l'année 1816, il est dit au § 3 [11]: « Les demeures des agents diplomatiques jouissent de l'exterritorialité d'après le droit des gens ». Plus loin, à un autre endroit: « Une perquisition dans la maison d'un ambassadeur à la Diète de Francfort peut avoir lieu partout et dans les cas criminels urgents, après avis préalable et convenablement formulé, avec le consentement exprès de l'ambassadeur, en sa présence ou celle d'une personne déléguée

[9] *Уставъ уголовнаго судопроизводства.*

[10] *Законы о судопроизводствѣ и взысканіяхъ гражданскихъ, томъ X, часть II. Смотри изданіе 1876 г.*

[11] Miruss, t. II, pp. 287, 289.

« par lui. Les ambassadeurs à la Diète ne prétendent pas « au droit d'accorder sciemment un refuge aux personnes « qui n'appartiennent pas à leurs ambassades et qui sont pour- « suivies par la justice ou la police, ils s'obligent au con- « traire sur un avis préalable à les livrer aux autorités ».

§ **24**. Une controverse intéressante s'est élevée entre Wheaton, ambassadeur des Etats-Unis à Berlin et le gouvernement prussien, au sujet du mobilier de l'ambassadeur, qui, sans nul doute, autant qu'il se trouve être à son usage et indispensable à l'exercice de ses fonctions diplomatiques, doit être compris dans la sphère de l'exterritorialité. Le propriétaire de la maison dans laquelle Wheaton avait demeuré fit mettre arrêt sur le mobilier de son locataire, sans cependant employer des moyens coercitifs; il se basait sur ce que la demeure se trouvait dans un si mauvais état qu'il était obligé de réclamer des dommages-intérêts. Wheaton contesta au loueur son droit de rétention (le même point de départ a été adopté plus tard, dans un cas analogue, par l'ambassade des Etats-Unis [1], et s'en référa aux prérogatives de l'exterritorialité; tandis que le gouvernement prussien s'appuya sur le § 395 du Code civil général, d'après lequel « le proprié- « taire loueur avait les droits d'un créancier hypothécaire « sur les meubles, objets et effets apportés par le locataire « et se trouvant sur place dans la maison à l'expiration du « contrat; cela pour la garantie des intérêts qu'il pouvait « avoir ». Le gouvernement prussien ne pouvait cependant pas s'appuyer dans ce cas sur son Code civil général, par la

---

§ **24**. [1] *Staatslexicon « Exterritorialität »*.

raison que le droit en question était un résultat de la souveraineté prussienne et que Wheaton, en vertu de l'exterritorialité, en était exempté: Kaltenborn [2], à cette occasion trouve admissibles « des mesures de précaution telles que l'arrêt sur les meubles des ambassadeurs ». Bar [3] et Geffcken [4] « sont de l'avis qu'un droit de rétention est applicable dans le cas où un sujet de l'Etat tient effectivement entre les mains les objets exploités personnellement par l'ambassadeur » ; cependant l'opinion régnante et proclamée par la plupart des publicistes se range du côté de Wheaton [5] et certainement avec raison. Il n'y a pas de doute qu'une hypothèque sur son mobilier ne peut que porter préjudice à la liberté de l'ambassadeur, et lui causer des empêchements dans l'exécution de sa mission. En outre il n'y a pas de raison pour qu'on s'arrête « aux mesures de précaution » seulement. Une fois le principe de l'exterritorialité enfreint, rien n'empêche de faire peu de cas des autres immunités diplomatiques.

Merlin [6] raconte un fait analogue à celui de Whea-

[2] *Staatslexicon* « *Exterritorialität* ».

[3] *Internationales Privat und Strafrecht*, p. 412, remarque 7.

[4] Heffter-Geffcken, *Völkerr*, § 212, remarque.

[5] Grotius (lib. II, cap. XVIII, § 9), est de l'avis que tous les biens mobiliers de l'ambassadeur doivent être considérés comme dépendant de sa personne et ne peuvent jamais être hypothéqués. Bynkershoek (cap. IX) fait une juste différence entre les objets dont l'ambassadeur peut se passer et ceux qui lui sont indispensables. Tandis que les premiers peuvent être soumis à une hypothèque, les derniers en sont libérés. Vattel (lib. IV, cap. VIII), refuse également le droit de rétention aux objets qui sont destinés à servir à l'ambassadeur; de même Heffter, § 212; Calvo, t. I, § 576, Dalloz, Jurisprudence, t. III, p. 396; Merlin, Répertoire, t. XX, pp. 281 et suiv.

[6] Merlin, Répertoire, t. XX, pp. 281 et suiv.

t o n, tiré de la pratique judiciaire en France. Le roi Henri IV fit restituer à l'ambassadeur son mobilier séquestré et lui donna pleine et entière satisfaction. De même en 1794 [7], lorsque les meubles de Venier, ambassadeur de Venise à Paris, furent saisis sur la réclamation de quelques marchands. l'arrêt fut levé le même jour et le gouvernement fit ses excuses à l'ambassadeur.

La distinction entre les choses exterritoriales et non exterritoriales de l'ambassadeur [8] n'a pas été faite encore par la plupart des Etats.

1. Dans le Statut d'Angleterre précité, il est exposé au § 23 ce qui suit: « Toute saisie sur les biens de l'ambassadeur », « mobiliers ou immobiliers, est nulle et non avenue » [9].

2. L'ordonnance danoise [10] de 1708 dit en général: qu'aucun arrêt ne peut être mis sur les biens de l'ambassadeur ».

3. L'édit des Pays-Bas de 1679 stipule que les biens des ambassadeurs ne doivent pas être saisis [11].

4. Le décret de Cour autrichien de 1837 fixe, en général, « que toutes les résolutions des tribunaux, relativement aux biens se trouvant dans la maison « de l'ambassadeur, doivent être adressées à la chancellerie du grand-maréchal de la Cour, accompagnées d'un « office à ce sujet » [12].

[7] Miruss, t. I, p. 436.
[8] Voir plus bas le § 27.
[9] Miruss, t. II, p. 253.
[10] Gottschalck, p. 45.
[11] Gottschalck, p. 44.
[12] Geller, *Osterreichische Gesetze*, t. V. p. 6.

§ 25. L'exterritorialité des archives et de la correspondance devient pour l'ambassadeur une question de première importance. Il est d'une grande signification pour l'ambassadeur que la correspondance qu'il entretient avec sa patrie soit à l'abri de toutes mesures inquiétantes de la part de l'Etat qui reçoit. C'est pourquoi sont affranchis des effets de la puissance territoriale, toutes les dépêches, tous les courriers portant la correspondance et les papiers diplomatiques, bien entendu quand ils sont munis des passeports nécessaires; il en est de même pour tous les navires qui ont des papiers ou documents diplomatiques à leur bord. C'est ainsi que cette situation est règlée par les dispositions de la douane russe [1], article 1153: « Les employés qui appartiennent aux missions étran-« gères en Russie, ainsi que les courriers des Cours étran-« gères, doivent être autorisés à passer la frontière en vertu « de passeports délivrés par leurs Cours ou ambassadeurs et « leurs paquets contenant des dépêches ne doivent pas être « confisqués ». L'observation l'art. 1150, dit: « Les courriers « envoyés par les Cours étrangères sont soumis à la visite « douanière seulement en ce qui concerne leur bagage privé. « Quant au libre passage des paquets, envois, malles scel-« lées, etc., les employés de la douane ont à se conformer à « l'article 1261; ils doivent avoir en outre en vue de ne pas « retenir inutilement les courriers et de les expédier le plus « vite possible ». L'article 1261 contient des dispositions plus détaillées pour les autorités douanières et la règle de laisser passer sans aucune visite les paquets « officiels » des courriers. On peut encore citer l'art. 1272, qui dit: « Les

§ 25. [1] *Уставъ таможенный. Сводъ законовъ Россійской Имперіи, томъ VI, изданіе 1867 и 1876 года.*

« ouvrages étrangers adressés aux membres du corps diplo-« matique passent la frontière sans être censurés ».

On pourrait dire qu'il est inutile de faire spécialement ressortir que le secret de la correspondance des ambassadeurs doit être respecté. La poste reçoit les lettres munies de timbres-poste sous la promesse tacite d'en garantir le secret. Cependant cette mention est nécessaire, pour exprimer d'une façon encore plus positive que l'exemption de la correspondance diplomatique défend toute action policière de la part du pouvoir territorial de l'Etat. On a souvent manqué à cette défense; il y avait dans certains Etats des institutions spéciales, appelées cabinets noirs, qui étaient chargées d'examiner la correspondance diplomatique. L'augmentation rapide de la correspondance de nos jours a rendu la tâche des cabinets noirs plus difficile, et il est à espérer qu'ils disparaîtront bientôt partout [2].

Nous ferons encore mention d'une controverse intéressante qui a eu lieu en 1870, entre le comte de Bismarck et le corps diplomatique à Paris, à propos de la correspondance diplomatique. Après que les Allemands eurent cerné Paris la plus grande partie du corps diplomatique se rendit à Tours; quinze ambassadeurs cependant restèrent dans la capitale assiégée et reçurent du ministre des affaires étrangères l'assurance qu'il prendrait soin de garantir aux ambassadeurs le maintien de leurs droits. Jules Favre adressa une lettre au comte de Bismarck; il le priait de laisser passer les lignes prussiennes à la correspondance

[2] Martens, Guide, t. I, p. 87.

diplomatique. Bismarck répondit qu'il ne pouvait autoriser qu'une correspondance ouverte, et seulement dans le cas où elle n'occasionnerait pas des inconvénients militaires. Les ambassadeurs enfermés dans Paris protestèrent. Bismarck répliqua avec raison que: si quelques membres du corps diplomatique s'étaient décidés à accepter les inconvénients inséparables du séjour dans une forteresse assiégée, ce n'était pas l'affaire du gouvernement prussien d'en assumer la responsabilité et que par rapport à leur correspondance extérieure, ils ne se trouveraient pas en état de fournir une garantie suffisante pour les messagers qu'ils croiraient devoir employer à cet effet comme courriers. Calvo [3] prend le parti des ambassadeurs: « Bismarck a trouvé bon d'interpréter à sa façon les règles du droit des gens ». Cependant, abstraction faite de ce que les ambassadeurs se soient laissés, volontairement et sans aucune violence de la part des Allemands, enfermer dans Paris, ils se trouvaient de fait pendant le siège dans le domaine du pouvoir de l'Etat allemand. A l'égard de ce tiers domaine, où ils n'étaient pas accrédités, ils ne pouvaient pas réclamer les bénéfices de l'exterritorialité et la promesse du ministre français devenait nulle là où le pouvoir de l'Etat français avait cessé d'exister. Il est en outre évident que les intérêts prussiens auraient été lésés au plus haut degré si des courriers avec des dépêches secrètes avaient eu la possibilité de franchir la ligne du blocus.

§ 26. Il nous reste encore à examiner les conséquences de la violation de l'exterritorialité. Un Etat qui viole les prérogatives de l'exterritorialité

---

[3] T. I, § 602.

d'un ambassadeur s'expose à une déclaration de guerre ou à des représailles. Dans ce dernier cas l'Etat offensé déclare les privilèges accordés par lui au représentant de la puissance qui l'a offensé, comme nuls et non avenus. Une condition essentielle de l'exterritorialité est la réciprocité. Du moment que celle-ci disparaît, les privilèges doivent également disparaître. Dans ce sens, mais dans ce sens seul, doit être compris le droit de représailles; jamais il ne doit prendre le caractère du talion, d'une vengeance contre la personne de l'ambassadeur [1]. Le moyen ordinaire qu'on emploie pour la réparation d'une injustice causée à l'ambassadeur, c'est de lui rendre satisfaction par des excuses faites soit à sa personne, soit à l'Etat qu'il représente, par l'envoi d'une députation solennelle, par le paiement d'une indemnité, par la punition du coupable (bien entendu d'après les lois locales [2]).

L'ambassadeur n'a dans aucun cas le droit de se faire justice. D'après Römer [3], Moshamm [4], Klüber [5], Alt [6], il y a un droit de défense personnelle qui constitue

§ 26. [1] Sont du même avis Merlin, Répertoire, t. XX, p. 276, Vattel, liv. IV, chap. VII, § 102, Bynkershoek, *cap.* XXII; de l'avis contraire Gundling, *Jus naturae et gentium:* « Nous pouvons, dit-il, tuer l'ambassadeur de la puissance qui a tué notre ambassadeur ». Voir Merlin, Répertoire, t. XX, p. 276.

[2] Lorsqu'en 1708 l'ambassadeur de Russie à Londres, Matvéiew, fut lésé dans son exterritorialité, le Czar Pierre le Grand exigea la condamnation et l'exécution des coupables. La reine Anne répondit cependant que, tout en regrettant profondément l'affront causé, elle ne pouvait faire juger les coupables que d'après les lois anglaises, qui dans ce cas n'infligeaient pas la peine de mort (Alt, 69, remarque 3).

[3] *Grundsätze über die Gesandtschaften*, p. 298.

[4] *Europäisches Gesandtschaftsrecht*, § 171.

[5] P. 264, note *c*.

[6] § 59 et suiv.

une partie de la liberté naturelle dont l'ambassadeur doit jouir en pays étranger. Si même dans ses lois l'Etat étranger n'accorde pas ce droit à ses sujets, cette défense ne peut concerner l'ambassadeur, qui vit dans un état de liberté naturelle. On soumet l'agent diplomatique au pouvoir étranger, en lui imposant l'observation des lois civiques, et on lui enlève les prérogatives de l'exterritorialité. L'opinion contraire, et qui est la plus juste, représentée par Calvo [7], Pacassi [8] et Heffter [9], refuse catégoriquement à l'ambassadeur tout droit de défense personnel, hors le cas de légitime défense. Il est indubitable que l'ambassadeur, par des actes aussi agressifs que ceux que comporte la défense personnelle, renonce de fait à ses privilèges. Vis-à-vis d'une agression de ce genre l'Etat, aussi bien que la personne privée, ont un droit absolu de légitime défense et un ambassadeur qui se lance de lui-même dans un danger, s'expose aussi aux conséquences de ce danger. Enfin un pareil état de choses doit déjà être rejeté au point de vue de son utilité. L'ambassadeur dans un Etat étranger, au milieu d'un entourage hostile et mal intentionné, ne s'exposerait-il pas, dans la plupart des cas, par des actes de défense personnelle à d'autres outrages encore au lieu d'obtenir satisfaction? La voie judiciaire est certainement moins directe, mais par contre plus sûre, car derrière l'ambassadeur il y a la personne du souverain et son Etat.

Pour toutes les catégories de ministres publics et agents diplomatiques existent les exemptions suivantes, savoir:

T. I, § 558.

Voir Heffter-Geffcken, p. 424, note 11.

Völkerr, § 204.

L'exemption de la juridiction civile.
L'exemption de la juridiction criminelle.
L'exemption de la juridiction de police.
L'exemption de la juridiction fiscale.
L'exemption de la juridiction ecclésiastique.

II. EXEMPTION DE LA JURIDICTION CIVILE DANS L'ÉTAT QUI REÇOIT [1].

§ 27. Quoique le centre des affaires de l'ambassadeur se trouve à l'endroit de sa mission, dans l'Etat qui reçoit, il n'y acquiert pas un domicile légal. Toutes les prétentions civiles qui naissent pendant l'exercice de ses fonctions et

§ 27. [1] Voir: Vattel, t. III, pp. 264—287; Klüber, § 209 Martens, Guide, t. I, § 31; Pradier-Fodéré, Cours, t. II, pp. 103—163; Wheaton, Eléments, t. I, pp. 200—218; Martens, Précis, t. II, §§ 216—217; Laurent, Droit civil intern., t. III, pp. 140—158: Calvo, t. I, §§ 572—576; Dalloz, Jurisprudence « Agent dipl. », § 3; Gand, Code, pp. 41—49; Merlin, Répertoire « Ministre public », sect. V, § IV, Art. I—XI; Fölix, t. I, titre II, chap. II, sect. IV; Rayneval, lib. II, chap. XIV; Fiore, t. II, pp. 546—575; Cussy, Dictionnaire du diplomate «Prérogatives»: Garden, Traité de diplomatie, t. II, pp. 143—148; Twiss, *Peace*, § 200; Kent, *chap. III:* Phillimore, t. II, pp. 219—239; Halleck, *chap. IX, §§ 13—23;* Woolsey, *prt. I, chap. IV, sect. II, § 91;* Hall, 141—146; Lorimer, I, 248—252; Düdley Field, §§ 136—158; Bulmerincq, *Völkerrecht*, § 73, dans *Marquardsens Handb. d. Oeff. R.;* Geffeken dans *Holtzendorffs Handb. d. Völkerr.*, t. III, pp. 654 et suiv.; Gottschalck, *Exterritorialität*, pp. 23—49; Neumann, § 62; Hartmann, pp. 102, 103; Schmelzing, t. II, §§ 342—345; Saalfeld, §§ 66—67; Oppenheim, *Cap.* X, §§ 10—11: Zorn dans *Hirths Annalen* 1882, pp. 110—115; Ф. Мартенсъ, *Международное право*, t. II, pp. 49—52; Holtzendorff, *Völkerrecht*, § 50 et suiv.; Bar, § 115; Miruss, I, §§ 345—347; Alt, §§ 83—85; Bluntschli, §§ 135—153; Heffter-Geffcken, § 215; Marquardsen dans le *Staatslexikon « Exterritorialität »;* Kaltenborn dans le *Staatswörterbuch « Exterritorialität »*; Bulmerincq dans le *Rechtslexikon « Exterritorialität »*.

celles qui se sont produites avant, sont justiciables des tribunaux de l'Etat qui envoie. Cependant il y a des cas où la juridiction civile de l'Etat qui reçoit s'étend aussi sur la personne exterritoriale.

L'ambassadeur peut se trouver dans la nécessité de sortir de sa position officielle, et d'entrer dans la vie privée à titre de particulier. Dans ce cas les privilèges de l'exterritorialité n'auraient aucun sens commun et cesseraient de fait. Par conséquent, si l'ambassadeur, avec la permission de son gouvernement [2], autorisation qui doit être donnée par écrit, se soumet comme demandeur ou défendeur à la juridiction locale, toutes les règles d'une procédure ordinaire lui sont appliquées: il peut, par exemple, être condamné aux frais et dépens dans une affaire à cause de moyens légaux mal employés; il peut être appelé devant une instance en appel, appel qu'il a pu provoquer lui-même; d'après l'axiome *nihil licet actori quod non licet reo*, sa plainte peut donner lieu à une demande reconventionnelle, et ainsi de suite.

Les mêmes règles concernent les immeubles que l'ambassadeur peut posséder dans un Etat étranger. Ils ne se trouvent, à l'exception de l'hôtel de l'ambassade, avoir aucun rapport avec le caractère diplomatique officiel, ne

[2] Les publicistes ne font pas assez ressortir cette condition ou s'en abstiennent même tout à fait. On ne doit pas oublier que la personne privée ne peut être rigoureusement séparée de la personne officielle. Il est toujours possible que la dignité de l'Etat qui envoie puisse être en quelque sorte atteinte par un procès civil intenté par son ambassadeur et en général par le seul fait de la soumission de ce dernier à la juridiction locale. C'est pourquoi le gouvernement donne pour chaque procès son autorisation spéciale à l'ambassadeur afin que les autorités locales soient compétentes.

sont guère indispensables à l'exercice des fonctions de l'ambassadeur, et se trouvent, de ce fait, soumis au *forum rei sitae*. D'après le § 20 du code d'organisation judiciaire allemand: «les dispositions des §§ 18, 19 (où il est parlé de l'exemption « des représentants diplomatiques étrangers de la juridiction « des tribunaux locaux), ne touchent pas aux règlements re- « latifs à la compétence exclusive des tribunaux en matière « d'immeubles».

Un troisième cas de l'inefficacité de l'exterritorialité se présente lorsqu'il s'agit de mobiliers[3], qui n'appartiennent pas à *l'instrumentum legati instructi*, au cas où l'ambassadeur possède des objets mobiliers à titre d'homme privé et non en qualité d'agent diplomatique: comme négociant, manufacturier, etc. Ce sont alors des biens meubles appartenant à un négociant, etc., et non plus à un ambassadeur. L'agent diplomatique agit-il en homme privé, le droit des gens n'a plus aucun intérêt à le protéger dans des affaires de ce genre. La question de savoir si un bien mobilier appartient à l'ambassadeur à titre particulier ou à titre d'agent diplomatique, si un acte effectué par lui doit porter un caractère privé ou officiel, est dans bien des cas difficile à résoudre. Ceci concerne principalement les capitaux appartenant au ministre public. Jusqu'à quel point l'argent qu'il possède, peut-il être saisi?

On a voulu soumettre à une saisie les fonds appartenant à l'ambassadeur en tant qu'ils n'étaient pas destinés pour les besoins de la mission, comme par exemple pour l'entretien de sa maison. Bynkershoek[4] suppose avec

[3] Voir plus haut, § 24.

[4] *De foro comp.*, *cap.* XVI.

raison qu'il est très difficile de décider à quel usage une somme d'argent peut être destinée, car l'ambassadeur peut employer ses ressources pécuniaires, selon le besoin, tantôt pour son propre entretien, tantôt pour des affaires ou entreprises. En cas de doute il conseille de se prononcer en faveur de l'ambassadeur, de considérer l'argent comme un objet indispensable aux besoins de la mission diplomatique et comme devant être en général libéré de toute saisie-arrêt. De fait il n'y a qu'un seul remède à cela, c'est de décider en faveur de l'appartenance de l'objet à la mission diplomatique et de son exemption. Cette question au fond a plutôt une importance théorique que pratique. Il est plus que probable que l'ambassadeur, en reconnaissant l'atteinte portée à la dignité de son caractere représentatif, évitera de lui-même de s'engager dans des entreprises particulières, ce qui lui est du reste interdit par plusieurs Etats, ou permis en vertu d'autorisations spéciales. Les règlements de l'Empire d'Allemagne sur les fonctionnaires publics mentionnent, § 16: «Aucun fonction-« naire de l'Etat, sans autorisation préalable de l'autorité « supérieure, ne doit accepter un emploi ou une occupation « auxiliaire, donnant une rémunération suivie, ni entreprendre « un métier».

Il va sans dire que les cas précités de la non-valeur des privilèges d'exterritorialité ne peuvent s'étendre à la liberté personnelle de l'ambassadeur, et qu'ils ne justifient ni un arrêt personnel, ni une exécution forcée contre la personne de l'agent diplomatique. *Omnis coitio abesse debet a legato.*

L'exemption de l'ambassadeur de la juridiction civile locale et sa subjection à celle de son pays ont été fixées légalement par la plupart des Etats avec plus ou moins de précision.

1. La législation russe contient les dispositions suivantes. L'article 225 du code de procédure civile [5] ne rend pas passible des lois, qui concernent les étragers en général, toutes les réclamations judiciaires formulées contre des individus attachés à des missions étrangères. «Les sujets russes, y est-il « dit, qui ont des réclamations pécuniaires à faire valoir contre « ces personnes, peuvent s'adresser au ministère des affaires « étrangères; celui-ci doit insister pour qu'ils reçoivent satis- « faction» (*которое обязано имѣть настояніе объ удовлетвореніи оныхъ*). Les articles 16 et 675 des lois sur l'exécution des jugements rendus en matière civile [6], sont conçus dans le même esprit: «Lorsqu'il devient indispensable d'exécuter « un jugement contre des personnes appartenant aux missions « étrangères, des négociations doivent être entamées avec le « ministère des affaires étrangères; il est obligé de suivre « l'affaire jusqu'au bout», (*которое и обязано употреблять дальнѣйшія по сему предмету настоянія*)[7]. Cherchons à interpréter ces trois articles, conçus en termes diffus et peu précis.

[5] *Уставъ гражданскаго судопроизводства*.

[6] *Сводъ законовъ*, tome X, partie II, éd de 1876: Fölix (t. I, p. 430), cite ces articles: « chap. X, № 2 ». En outre les citations dans la 4e édition de Demangeat de 1806 correspondent à la première rédaction du Recueil des lois de 1832 (!). Dans l'intervalle les numéros des articles correspondants ont changé dans la seconde édition de ce Recueil des lois de l'année 1842, et dans la troisième rédaction qui a paru, du même Recueil des lois de 1857.

[7] Dans la rédaction du Recueil des lois de 1876 les articles 16 et 675 (t. X, part. II) et aussi dans les anciennes rédactions des années 1857 les articles 19 et 1004; 1842 les articles 2042 et 3053; 1832 les articles 1489 et 2298 sont, à une petite différence près, littéralement conformes (!).

D'après la première partie de l'article 225, il est indubitable que les jugements contre les ambassadeurs étrangers sont hors de la discussion et de l'examen des tribunaux russes. En conséquence de ce qui précède, la possibilité d'une exécution de ces jugements (voir art. 16 et 675), par les tribunaux russes, doit être absolument contestée, à moins que l'ambassadeur et son gouvernement ne donnent leur consentement, et c'est évidemment ce qu'on entend sous le terme négociations (*сношеніе*), avec le ministère des affaires étrangères. On voit maintenant ce que doit signifier le terme énigmatique «insistance» (*настояніе*) du ministère, pour parvenir à satisfaire le créancier et obtenir exécution personnelle. Le ministère des affaires étrangères, comme autorité administrative, est hors d'état d'entrer dans l'examen des litiges judiciaires ou de forcer le défendeur à faire honneur à ses engagements. Mais il est beaucoup plus à même d'atteindre ce but par la voie de négociations diplomatiques échangées avec l'ambassadeur et le gouvernement qu'il représente, auxquels il peut faire des représentations à ce sujet. C'est de cette manière seulement que le ministère des affaires étrangères peut être «obligé» de s'occuper de la satisfaction du créancier et d'insister sur une exécution personnelle [8].

Les articles 532 et 1246 ci-dessus mentionnés au § 23 s'y rapportent également.

2. Dans la capitulation élective de l'empereur Léopold II, de l'année 1790, il est dit à l'art. XXV,

[8] Cette interprétation nous semble la seule possible. Si l'on voulait envisager les devoirs du ministère autrement, on devrait dire avec Martens (*Международное право*, t. II, p. 51), que la 2me partie de l'article 225 abroge la première contenant l'exemption.

§ 7, ce qui suit: «De même les ambassadeurs des Etats... sont et doivent rester exempts... de toutes juridictions». A ce § 7 correspondent littéralement les §§ 7 et 8 de l'art. XXV de la capitulation élective de l'empereur François II en 1792 [9].

3. Dans la déclaration au Sénat de la ville libre de Francfort, en date du 23 octobre 1816, on trouve le passage suivant au § 3: «Les ambassadeurs et les personnes diplomatiques... sont exempts de toute juridiction urbaine, par conséquent de toutes juridictions civile, criminelle et de police, de la ville de Francfort» [10]. Il fut décidé plus tard à l'unanimité, dans une réunion de la Diète Germanique en 1824, avec l'assentiment de l'ambassadeur de la ville libre de Francfort, que les ambassadeurs étrangers accrédités auprès de «la Sérénissime Confédération Germanique jouiraient des mêmes immunités que les ambassadeurs de la Confédération possèdent à l'égard de la ville libre de Francfort, siége de la Confédération» [11].

4. Pour l'Empire d'Allemagne il faut mentionner les paragraphes de lois suivants:

D'après le § 18 de la loi sur l'organisation judiciaire [12], la juridiction du pays ne s'étend pas aux chefs et membres des missions accréditées auprès de l'Empire d'Allemagne. Les chefs et membres des missions accréditées auprès d'un Etat de la Confédération sont exempts de la juridiction de cet Etat. La même disposition concerne les membres du

[9] Miruss, t. I, pp. 432 et 433.
[10] Miruss, t. II, p. 287, supplément 50.
[11] M. N. R., t. VI, p. 112.
[12] Voir les Commentaires de Thilo, pp. 42, 43, et de Löwe, p. 41

« conseil fédéral non délégués par l'Etat dans le territoire « duquel le conseil fédéral a son siège».

L'article 10 de la Constitution de l'Empire dit de même: « C'est à l'empereur qu'il incombe de garantir aux membres « du conseil fédéral la protection diplomatique d'usage».

Comparons ce qui précède avec l'art. 3 de la Constitution de l'Empire où il est dit «qu'il existe pour l'Allemagne « un indigénat commun; il a pour effet de faire considérer « celui qui fait partie de l'Etat comme indigène dans tous « les autres Etats de la Confédération». Nous constatons ici une anomalie: l'Empire d'Allemagne accorde l'exterritorialité à ses propres sujets, ce qui est impossible en théorie et en pratique. Impossible en pratique, parce que la situation exceptionnelle d'un sujet, de ne pas être soumis au pouvoir territorial, amène une perturbation dans l'équilibre social des citoyens; impossible en théorie, car l'exterritorialité, d'après le sens même, est non seulement une exemption, mais aussi une subjection, et cette dernière situation ne peut dans aucun cas être établie vis-à-vis de propres sujets exterritoriaux [13].

Le § 16 du code de procédure civile dit: «Les Allemands, « qui jouissent du droit d'exterritorialité... conservent par « rapport à la procédure judiciaire le domicile qu'ils avaient « dans leur patrie. En l'absence de ce domicile c'est la capitale du pays d'origine qui est considérée comme domicile légal. Si la capitale est divisée en plusieurs arrondissements judiciaires, le domicile est fixé dans l'arrondissement désigné par les dispositions générales du pouvoir judiciaire». Cet

[13] Nous considérons bien entendu l'Empire d'Allemagne comme Etat. Si l'on admet que l'Allemagne est une confédération, toutes ces difficultés disparaissent.

article correspond, et est en partie littéralement conforme à l'art. 21 des règlements sur les fonctionnaires de l'Empire [14]: « Les fonctionnaires de l'Etat dont le domicile de service se « trouve à l'étranger conservent le domicile légal qu'ils « avaient dans leur pays».

5. Une ordonnance du roi de Prusse du mois de juin 1724 [15] avertit «ceux qui vendent et louent aux ministres « étrangers résidant près de Sa Majesté à titre d'ambassadeurs. « d'envoyés, de résidents, de commissaires, d'agents, de secré- « taires d'ambassade, et autres personnalités qui jouissent « du droit des gens, que Sa Majesté ne juge pas à propos « d'exercer aucune juridiction contre eux, soit pour dettes ou « pour quelque autre motif que ce soit; qu'ainsi tous les « bourgeois, les marchands et artisans, qui auraient fait crédit « aux ministres étrangers et n'en seront pas payés, s'adresseront « inutilement aux juridictions ordinaires pour les faire condam- « ner, Sa Majesté ayant défendu aux juges de donner aucune « contrainte par corps contre, ni autrement.» Sous ce rapport une déclaration en date du 24 septembre 1798 [16] renferme encore l'ordonnance suivante: «Aucun arrêt ne pourra avoir « lieu contre les ambassadeurs étrangers, ni contre les chargés « d'affaires d'un autre Etat accrédités auprès de notre Cour. « lorsque lors de leur nomination il n'aura pas été fait la « réserve qu'ils seront soumis à la juridiction de nos tribunaux».

Le code civil général dit. § 36: «Les ambassadeurs et « les résidents des puissances étrangères conservent leurs

[14] Voir le commentaire de Tuchidum dans *Hirths Annalen*, 1876, pp. 286, 287.

[15] Merlin, Répertoire, t. XX, p. 290.

[16] Miruss, t. I. p. 435.

« franchises conformément au droit des gens et aux conven-« tions existantes avec les diverses Cours.» § 38. «Les ambas-« sadeurs accrédités par l'Etat auprès des Cours étrangères « sont jugés d'après les lois de la juridiction du lieu où ils « avaient leur dernier domicile avant d'exercer les fonctions « d'ambassadeur.» § 39 «Si ces ambassadeurs sont des étran-« gers, les dispositions du droit commun des Etats prussiens « leur sont applicables, lorsqu'ils sont cités devant les tribunaux « du royaume» [17].

6. Le code de procédure civile de Bavière, chap. I, § 11, porte que: «Tous ceux qui jouissent du droit des ambas-« sadeurs sont exempts de la juridiction ordinaire» [18].

7. La loi fondamentale de la Constitution du grand-duché de Saxe-Meiningen de l'année 1829 reconnaît par son § 18 «des exceptions internationales» à la règle énonçant que tous les étrangers résidant dans l'Etat doivent obéissance aux lois du pays [19].

8. La loi fondamentale de Saxe-Altenbourg, édictée en l'année 1831, déclare, § 94, que «les sujets tempo-« raires, à l'exception des ambassadeurs étrangers accrédités « près la Cour ducale, sont soumis aux lois du pays» [20].

9. Lorsqu'en France la révolution éclata en 1789 et qu'il fut proclamé qu'il n'y aurait plus de privilèges, le corps diplomatique résidant à Paris fit parvenir à l'Assemblée Constituante une adresse par laquelle il exprimait ses

[17] Voir le code civil général, édition avec commentaires de Landé, p. 11.

[18] Fölix, t. I, p. 426.

[19] Stoerk, *Handbuch der deutschen Verfassungen*, p. 371.

[20] Stoerk, *Handbuch der deutschen Verfassungen*, p. 411.

appréhensions, motivées sur ce que les immunités diplomatiques ne seraient plus reconnues. L'Assemblée Constituante répondit le 12 décembre 1789: «qu'elle ne chan-« gerait rien aux dispositions du droit des gens qui établis-« sent les privilèges des ambassadeurs». Plus tard la Convention Nationale publia un décret (13 ventôse an II), ainsi conçu: « La Convention Nationale interdit à toute autorité constituée « d'attenter en aucune manière à la personne des envoyés des « gouvernements étrangers; les réclamations qui pourraient « s'élever contre eux seront portées au comité de salut « public; ce dernier est seul compétent pour y faire droit» [21]. L'intervention du comité de salut public, plus tard ministère des affaires étrangères, signifie que les relations diplomatiques remplacent la voie judiciaire et que l'exterritorialité est garantie [22]. Cette interprétation est juste; nous en trouvons la preuve dans un arrêt de la cour de Paris du 29 juin 1811 où il est dit [23]: «Les personnes attachées à une ambassade en « France ne peuvent être citées devant les tribunaux fran-« çais pour l'exécution des obligations par elles contractées « en cette qualité, envers des Français, pendant la durée de « leurs fonctions, et pour des intérêts non étrangers à leur « caractère».

Le second projet du code civil de France contenait un article ainsi conçu: «Les étrangers revêtus d'un caractère « représentatif de leur nation, en qualité d'ambassadeurs, de

---

[21] Journal du droit international privé publié par Clunet, 1884, p. 330.

[22] Vergé et Démaugeat donnent une interprétation juste dans ce sens, celle de Laurent, Droit civil intern., t. III, p. 8 est fausse.

[23] Dalloz, Jurisprudence, t. III, p. 398.

« ministres, d'envoyés ou sous quelque autre dénomination « que ce soit, ne seront point traduits, ni en matière civile « ni en matière criminelle, devant les tribunaux de France» [24].

10. En Autriche le code civil de 1811 contient, à l'article 38, les dispositions suivantes: [25] «Les ambassadeurs « et les chargés d'affaires jouissent des franchises établies « par le droit des gens et par les traités publics». Il y a en outre en Autriche des lois spéciales pour le cas où une plainte peut être dirigée contre un ambassadeur étranger. D'après l'ordonnance impériale du 29 janvier 1795, le créancier d'un membre de l'ambassade étrangère, s'il ne peut parvenir à se faire payer en dehors de la voie judiciaire, a la faculté de s'adresser à la chancellerie du grand-maréchal de la Cour. Comment comprendre ce qui précède? L'ambassadeur serait-il quand même soumis à la juridiction des tribunaux autrichiens? Nullement. Le grand-maréchal de la Cour porte la plainte à la connaissance de l'ambassadeur, en lui adressant en même temps la demande de faire honneur à ses engagements ou bien de se prononcer sur l'alternative de se soumettre, ou non, à la juridiction des tribunaux autrichiens. Si l'ambassadeur répond affirmativement, l'affaire, selon son caractère litigieux, va, soit à la chancellerie du grand-maréchal de la Cour, soit à une autre autorité compétente; en cas de réponse négative, le grand-maréchal de la Cour renouvelle sa réclamation; dans ce cas un fonctionnaire de l'Etat, nanti de pouvoirs officiels, est délégué à l'ambassadeur pour réclamer personnellement satisfaction au nom du créancier, cela avec tous les ménagements nécessaires,

[24] Laurent, Droit civil intern., t. III, p. 6.
[25] Winiwarter, t. I, p. 161.

sans aucunement offenser l'ambassadeur, mais avec toute l'énergie indispensable pour garantir les droits du sujet autrichien. Si cette intervention reste sans effet, le grand-maréchal de la Cour, sur une demande réitérée de la partie adverse, s'adresse alors au ministère des affaires étrangères, qui, lui, doit faire son possible pour amener les parties à une entente. Si cette procédure reste aussi sans effet, le plaideur n'a plus qu'à recourir aux tribunaux de l'Etat qui a envoyé l'ambassadeur [26]. De cette façon les privilèges de l'exterritorialité sont sauvegardés.

11. En Angleterre les privilèges des ministres étrangers ont été fixés par le Statut de la reine Anne, de l'an 1709. A l'occasion d'une prise de corps exercée contre la personne de l'ambassadeur de Russie, M. Matvéiew, la reine Anne rendit une loi spéciale qui devait donner raison à la Russie et qui fut envoyée en original, signé par la reine, à Pierre le Grand par l'intermédiaire d'une mission extraordinaire. La principale disposition de cette loi est ainsi conçue : « Que tous ordres et procès qui, en quelque « temps que ce soit ci-après, seront faits ou poursuivis, par « lesquels la personne d'un ambassadeur ou d'aucun autre « ministre public, de quelque prince ou Etat étranger que ce « soit, autorisé et reçu comme tel par Sa Majesté et par ses « héritiers, puisse être arrêtée ou emprisonnée, seront tenus « et jugés être entièrement nuls et seront invalidés à toutes « fins et égards quelconques » [27].

[26] Voir Winiwarter, t. I, p. 164; Journal du droit international privé, 1884, p. 341.

[27] Miruss, t. II, annexe 38, p. 253.

12. Les actes du congrès de l'an 1790 [28], dans les Etats-Unis d'Amérique, relativement à ce qui concerne l'exterritorialité des ambassadeurs, sont modelés sur le Statut de la reine Anne, avec lequel ils sont en partie littéralement conformes.

13. Les Etats-Généraux des Pays-Bas rendirent, le 9 septembre 1679, une ordonnance portant: « que « les ambassadeurs ou ministres venant en ces pays, y rési-« dant ou y passant, et y contractant quelques dettes, ne « pourront pour aucune telle dette qu'ils y aient contractée « être arrêtés, saisis, ou détenus, ni à leur arrivée, ni pen-« dant leur séjour, ni à leur départ de ce pays » [29].

14. En Danemark, une disposition du roi Frédéric IV, de l'an 1708, ordonne: « qu'en aucun cas la personne « d'un ambassadeur ne peut être arrêtée ou saisie pour det-« tes » [30].

15. En Portugal et en Espagne l'exemption des ambassadeurs a été prononcée sous l'influence d'une doctrine ancienne et fausse. En Portugal [31], d'après une loi de Jean IV (1640-1656), renouvelée sous Jean V, le ministre étranger ne peut être poursuivi devant les tribunaux du royaume qu'autant que son engagement date d'une époque antérieure à sa mission diplomatique auprès du roi. Hors ce cas, aucune reconvention ne peut être reçue contre le mi-

[28] Phillimore, t. II, § 195 et t. II, appendice V, pp. 598-602.

[29] Bynkershoek, *cap.* IX; Merlin, Répertoire, t. XX, p. 291.

[30] Gottschalck, *Exterritorialität*, p. 45; Fölix, Droit international, t. I, p. 405.

[31] Gottschalck, *Exterritorialität*, p. 46; Fölix, Droit international, t. I, p. 404.

nistre étranger. Au contraire en Espagne [32], une loi de 1737 ordonna: « que les ambassadeurs peuvent être poursui-« vis devant les tribunaux espagnols, à raison d'engagements « contractés pendant l'exercice de leur mission, mais non pas « en raison des engagements antérieurs ». Ces deux restrictions sont en contradiction avec le principe de l'exterritorialité.

16. Le code de la république d'Haïti contient aussi un article sur le sujet dont nous nous occupons; il est ainsi conçu: « Les agents étrangers accrédités auprès de la ré-« publique sont régis par le droit des gens, les usages des « nations et les traités internationaux » [33].

17. Les privilèges d'exemption des ambassadeurs sont encore reconnus dans les traités d'amitié avec les Etats extraeuropéens, et ordinairement dans la forme d'une convention entre les parties contractantes, accordant réciproquement aux ambassadeurs « les mêmes privilèges, faveurs et prérogatives, dont jouit la nation la plus favorisée ». Par exemple: les traités d'amitié entre l'Union Douanière Allemande et le Japon en date du 20 février 1869, art. 2 (*Bundesgesetzblatt* 1870, p. 2); entre l'Union Douanière Allemande et le Mexique en date du 28 août 1869, art. 21 (*Reichsgesetzblatt* 1870, p. 537); entre l'Empire d'Allemagne et la Perse en date du 16 juin 1873 (*Reichsgesetzblatt* 1873, p. 351); entre l'Empire d'Allemagne et le royaume de Corée en date du 26 novembre 1883, art. 2, № 1 (*Reichsgesetzblatt* 1884, p. 222); entre la Belgique et le Pérou

[32] Gottschalck, *Exterritorialität*, p. 47.
[33] Laurent, Droit civil international, t. III, p. 8.

en date du 16 mai 1850, art. 23 (M. N. R. G., t. XV, p. 306); entre l'Angleterre et la Confédération Péruvienne-Bolivienne en date du 5 juin 1837, art. 11 (M. N. R., t. XV, p. 186), et le Pérou, en date du 10 avril 1850, art. 11 (M. N. R. G., t. XV, p. 150), entre les Etats-Unis de l'Amérique du Nord et le Pérou en date du 26 juillet 1851, art. 34 (M. N. R. G., t. XVI, partie I. p. 132).

D'autres traités d'amitié sont formulés ainsi: « que les « agents diplomatiques des deux parts doivent jouir à l'en- « droit de leur résidence des immunités qui leur sont accor- « dées par le droit des gens ». Par exemple: les traités d'amitié entre la France et la Chine le 27 juin 1858, art. 2, № 3 (M. N. R. G., t. XVII, partie I, p. 3); entre l'Union Douanière Allemande et la Chine du 2 septembre 1861, art. 3 (M. N. R. G., t. XIX, p. 168); entre les Etats-Unis de l'Amérique du Nord et Madagascar du 13 mai 1881, art. 5 (Bulmerincq, *Völkerr.*, p. 320).

III. EXEMPTION DE LA JURIDICTION CRIMINELLE DANS L'ÉTAT QUI REÇOIT [1].

§ 28. L'exemption des ministres publics de la juridiction

§ 28. [1] Voir: Vattel, t. III, pp. 264—287; Klüber, § 211: Martens. Guide, t. I, § 30; Pradier-Fodéré, Cours, t. II, pp. 165—180; Wheaton, *Elém.*, t. I, pp. 200—203; Martens, Précis, t. II, § 218; Laurent, Droit civ. int., t. III, pp. 109—125; Calvo, t. I, §§ 577—589; Dalloz, Jurisprudence « Agent dipl. », § 3; Gand, Code, pp. 49—52; Merlin, Répertoire « Ministre public », sect. V, § IV, art. XI; Fölix, t. II, titre IX, chap. III; Rayneval, liv. II, chap. XIV; Fiore, t. II, pp. 546—575; Cussy, Dic-

criminelle est un droit absolu [2]. L'exterritorialité refuse à l'Etat qui reçoit toute compétence à l'égard de l'ambassadeur, même dans le cas d'un crime politique dirigé contre le gouvernement territorial. Ne serait-ce pas rendre les privilèges d'exterritorialité illusoires que de laisser au bon plaisir de l'Etat qui reçoit, la faculté de déterminer sa compétence dans chaque cas, puis d'exercer de cette façon juri-

tionnaire du diplomate « Prérogatives »; Twiss, *Peace*. § 200; Kent, *chap*. III; Phillimore, t. II, pp. 202—218; Halleck, *chap*. IX, §§ 13—23; Woolsey, *part*. I, *chap*. IV, *sect*. II, § 91; Hall, pp. 140—141; Lorimer, t. I, pp. 248—252; Berner, *Wirkungskreis*, §§ 50—51; Harburger, *Inland*., pp. 171—204; Gottschalck, *Exterritorialität*, pp. 49—64; Neumann, § 62a; Hartmann, pp. 104—105; Schmelzing, t. II, §§ 346—348; Saalfeld, § 68; Oppenheim, *Cap*. X, §§ 10—11; Binding, *Handb*., t. I, § 143; Zorn, dans *Hirths Annalen* 1882, pp. 110—115; Ф. Мартенсъ, *Международное право*, t. II, pp. 40—49; Holtzendorff, *Völkerrecht* dans son *Encyklopädie*, § 50; Bar, § 145; Miruss, t. I, §§ 348—350; Alt, §§ 86—88; Bluntschli, §§ 135—153; Heffter-Geffcken, § 214; Marquardsen dans le *Staatslexikon* « *Exterritorialität* »; Kaltenborn dans le *Staatswörterbuch* « *Exterritorialität* »; Bulmerincq dans le *Rechtslexikon* « *Exterritorialität* »; Dudley Field, §§ 136—158; Garden, Traité de dipl., t. II, pp. 148—169; Bulmerincq, *Völkerrecht*, § 73; Geffcken dans *Holtzendorffs Handb. d. Völkerrechts*, t. III, pp. 654 et suiv.

[2] Des publicistes plus anciens, comme Marselaer, Arumäus Hotmann, ne virent pas dans cet affranchissement un droit, mais un cas d'humanité et de raison; d'autres, comme Gentilis et Paschal, n'en voulaient pas entendre parler, car le droit romain ne connaissait pas une pareille immunité; quant à l'exemption de la juridiction civile, ils l'admettaient, croyant trouver le même droit dans le *jus domum revocandi* (Merlin, Répertoire, t. XX, p. 298; Alt, p. 89, remarque 2); Jean Perelli dans son « *Il diritto de l'ambasciate* » réclame l'immunité pour l'ambassadeur seulement dans le cas d'une tentative, tandis que la consommation du crime doit être jugée par les autorités locales, différence tout à fait arbitraire, qui a été critiquée par Louis Olivi (Revue de droit international, 1886, pp. 83 et suiv.).

diction à sa guise? Il serait facile à un gouvernement agissant *mala fide*, de faire considérer une action illégale comme dirigée contre l'Etat et portant atteinte à sa sûreté; même la supposition qu'une telle action a eu lieu, justifierait la surveillance de l'ambassadeur par les autorités, ainsi qu'une enquête judiciaire contre lui, enquête pouvant entraver complètement l'exercice de ses fonctions diplomatiques.

L'exterritorialité doit aussi avoir une influence sur les conditions matérielles du droit pénal, car le gouvernement de l'ambassadeur ne saurait autrement faire exécuter sa sentence que d'après ses formes légales [3]. Dans le cas seulement où l'Etat qui envoie et celui qui reçoit ont le même droit pénal, l'action de l'exterritorialité ne peut s'étendre sur le droit matériel. Les délégués non prussiens du conseil fédéral de l'Empire d'Allemagne ne dépendent pas des tribunaux prussiens, mais sont jugés d'après le code pénal qui est en vigueur en Prusse, c'est-à-dire d'après le code pénal d'Allemagne.

L'exemption de la juridiction criminelle est reconnue en Russie dans les §§ 229, 230, 360 du code de procédure criminelle déjà relatés plus haut (voir §§ 21 et 23); en Angleterre, aux Etats-Unis de l'Amérique du Nord, en Espagne, en France, en Bavière et par le Haïti dans les dispositions législatives citées au § 27.

1. En Autriche, le code pénal de 1803, part. I, § 221, et part. II, § 283, portait que: « Les membres des

[3] Voir plus haut, § 15, avis contraire Zorn, dans *Hirths Annalen* 1882, p. 112.

« ambassades étrangères sont traités selon le droit des gens « et ne sont pas soumis aux autorités du pays ». Cette immunité fut confirmée dans le code de procédure criminelle en 1850, § 73, et en 1853, § 48, ainsi que dans le code pénal de 1852, § 291. Dans la nouvelle rédaction du code pénal [4] et du code de procédure criminelle [5], on ne trouve aucun article ayant rapport à ce sujet et l'immunité diplomatique repose par conséquent, en Autriche, sur les décrets de Cour mentionnés plus haut au § 27 et sur le § 38 du code civil [6].

2. En Prusse, il y a sur la matière, outre les dispositions législatives déjà mentionnées au § 27, encore le § 252 du code d'instruction criminelle. Suivant ce paragraphe: « aucune poursuite ni arrestation n'aura lieu contre les mi- « nistres étrangers accrédités près de cette Cour, et contre « d'autres chargés d'affaires d'un Etat étranger, à moins « d'ordres spéciaux donnés par le souverain à un tribunal « ou à un officier de justice » [7]. Cette dernière restriction est une inconséquence.

3. L'Empire d'Allemagne s'est prononcé en faveur de l'exemption d'une manière absolue au § 11 de son code de procédure criminelle [8], qui se trouve littéralement conforme avec le § 16 du code de procédure civile mentionné plus haut au § 27 de notre ouvrage.

4. En Portugal, l'ordonnance de Jean IV [9] dit:

[4] Geller, *Oesterreichische Justizgesetze*, t. VI et t. VII.
[5] Geller, *Oesterreichische Justizgesetze*, t. VI et t. VII.
[6] Voir plus haut, § 27.
[7] Voir Esperson, *Dir. dipl.*, t. I, p. 142.
[8] Voir les commentaires de Thilo, p. 16, et de Löwe, p. 225.
[9] Voir plus haut, § 27.

« qu'un ambassadeur est à couvert de tous les crimes commis « par lui dans le royaume avant l'époque de son envoi comme « ambassadeur et qu'il ne peut être cité, ni appelé devant « les tribunaux, ni pris à partie pour des crimes pareils, ni « à la Cour de Portugal, ni dans une autre partie du royaume, « pendant son ambassade et dix jours après » [10]. Le terme de dix jours est tout à fait arbitraire.

5. Le code pénal du royaume de Saxe porte, article 5: « Il sera également rendu compte au ministre de la justice « de tout crime ou délit commis dans le royaume par un « étranger qui, suivant les principes du droit des gens, n'est « pas soumis aux autorités de ce pays pendant le séjour qu'il « fait » [11].

6. On lit dans la Constitution de Saxe-Meiningen, § 13: « Tous les étrangers qui séjournent dans l'Etat, à « moins qu'ils ne jouissent d'une exception établie par le droit « des gens, doivent obéissance aux lois du pays et seront « jugés selon ces lois » [12].

7. Les traités d'amitié cités plus haut au § 27 sont également valables pour la juridiction civile comme pour la juridiction criminelle.

IV. EXEMPTION DE LA JURIDICTION DE POLICE DANS L'ÉTAT QUI REÇOIT [1].

§ 29. Cette exemption se trouve impliquée dans l'exemption de la juridiction en général. La police sert aux buts de

[10] Gottschalk, *Exterritorialität*, p. 64.
[11] Fölix, t. II, p. 589.
[12] Fölix, t. II, p. 589.
§ 29. [1] Voir: Martens, Guide, t. I, p. § 34; Pradier-Fodéré,

la justice. Là où cette dernière cesse son activité, la première perd son efficacité. La police dans l'Etat qui reçoit ne doit d'aucune façon exercer son pouvoir, directement ou indirectement, contre l'ambassadeur. Si tous les pouvoirs de police cessent, les prescriptions de police [2] doivent cependant rester en vigueur pour l'ambassadeur. Il est, comme tout homme privé, obligé de se conformer aux dispositions de police relatives à la sûreté et au bien-être publics, ce qui n'enfreint nullement le principe de l'exterritorialité.

On appelle, sous la dénomination de prescriptions de police, l'ensemble des règlements devant régir et maintenir l'ordre intérieur et la sécurité de l'Etat. L'ordre et la sécurité sont indispensables pour l'existence de chaque Etat. L'Etat agit en raison de sa propre conservation, lorsqu'il applique ses mesures et règlements de police sans exception à tous ceux qui résident sur son territoire. L'ambassadeur voudrait-il par exemple établir un tir dans son jardin, ou conserver son hôtel dans un état de dégradation, ce qui pourrait menacer la sûreté et la vie d'autrui les règlements de police défendant ces sortes de tir et l'état de dégradation des bâtisses, doivent être appliqués contre lui. L'Etat se sent menacé dans certains éléments de sa vie, dans l'existence de ses citoyens, et doit par conséquent faire valoir aussi son droit conservatoire à l'égard des personnes exterritoriales.

Les règlements de police sont pour l'ambassadeur *lex, sed*

Cours, pp. 99-103; Calvo, t. I, § 590; Gottschalck, *Exterritorialität*, pp. 61–71; Schmelzing, t. II, §§ 353–354; Miruss, t. I, § 351; Heffter-Geffcken, § 215.

[2] Il est par conséquent incorrect d'admettre ici « l'exemption des prescriptions de police », Miruss, t. I, p. 446.

lex imperfecta, car chaque punition et chaque contrainte à son égard doivent être exclues. Si l'ambassadeur se croit affranchi de toutes mesures de police, par exemple s'il trouble la tranquillité et la sécurité publiques, ourdit des conspirations ou commet enfin des crimes, l'Etat qui reçoit ne peut rester indifférent à ces agissements et la police doit employer des mesures de prévention et de sécurité. Le gouvernement local adresse dans ce cas une plainte au gouvernement de l'Etat qui envoie.

Ordinairement on réagit contre un ambassadeur oubliant ses devoirs, en faisant une communication à son gouvernement avec prière de le rappeler. C'est ainsi par exemple que procéda Jacques Ier d'Angleterre à l'égard des ambassadeurs d'Espagne Inojosa et Colonna [3]; Elisabeth de Russie à l'égard de l'ambassadeur d'Autriche, marquis de Botta [4]; le gouvernement des Etats-Unis de l'Amérique du Nord à l'égard de l'ambassadeur de France, Genet, qui avait délivré des patentes de piraterie et autorisé d'autres actes de violence [5]; et, plus récemment, le même gouvernement à l'égard de l'ambassadeur de Russie Katakazy [6]. Dans les occasions graves, particulièrement en cas de crimes politiques qui mettraient en danger l'Etat, une action décisive de la part du gouvernement local serait pleinement justifiée au point de vue de sa légitime défense [7]. Il ne faut pas perdre de

[3] Calvo, t. I, § 580.
[4] Ф. Мартенсъ, *Международное право*, t. II, p. 48.
[5] Kent, *by Abdy*, p. 119.
[6] Ф. Мартенсъ, *Международное право*, t. II, p. 48.
[7] Une ordonnance portugaise qui dépasse la mesure est celle

vue cependant qu'on doit agir ici avec la plus grande circonspection possible par rapport à l'exterritorialité diplomatique. L'ambassadeur d'Ecosse à la Cour d'Elisabeth d'Angleterre, l'évêque Ross, fut expulsé d'Angleterre, pour avoir conspiré contre l'Etat [8]. Furent également arrêtés et expulsés d'Angleterre les ambassadeurs d'Espagne en 1584, de France en 1654, et de Suède en 1717, à cause de menées criminelles et politiques [9]. L'ambassadeur de Suède près la Cour de Londres, Comte Güllenborg, accusé d'avoir fait partie d'une conspiration, fut arrêté en 1717 et expédié en Suède. Le gouvernement suédois ne réclama aucune satisfaction, l'innocence de l'ambassadeur n'ayant pu être prouvée [10]. En 1718 [11], l'ambassadeur d'Espagne en France, duc de Cellamare, entra dans une conspiration ourdie par le cardinal Aberoni contre le régent, le duc Philippe d'Orléans, pour le faire tomber. Le plan fut découvert, Cellamare arrêté, sa maison visitée, ses papiers saisis et lui-même expulsé de France. Quoique Cellamare eût prié le corps diplomatique, toujours anxieux quand il s'agit de la conservation de ses droits, d'intervenir pour lui, ce dernier ne se prononça pas contre le procédé du gouvernement français; il avait dû reconnaître dans le cas présent des agissements qui mettaient l'Etat en danger, et par suite

---

du 11 décembre 1748, qui déclare les membres de la maison de l'ambassadeur privés des privilèges, et punissables d'après les lois, s'ils offensaient la justice (Martens, *Erzählungen*, t. I, p. 339).

[8] Calvo, t. I, § 578.

[9] Calvo, t. I, § 579.

[10] Ф. Мартенсъ, *Международное право*, t. II, p. 47.

[11] Ch. de Martens, Causes célèbres, t. I, pp. 149—177.

la légalité et la nécessité desdites mesures [12]. Lorsque l'Impératrice Elisabeth de Russie apprit que l'ambassadeur de France, Chétardie, intriguait et conspirait contre elle, elle lui retira tous les ordres russes et le fit expulser de ses Etats [13]. Il est à remarquer que dans la correspondance diplomatique échangée à ce sujet le cabinet de Pétersbourg expose trois cas où l'Etat doit prendre des mesures contre les agents diplomatiques: 1° lorsqu'ils se permettent de se moquer des qualités du souverain auprès duquel ils sont accrédités; 2° s'ils entrent en relation avec des partis politiques; 3° lorsque dans les communications faites à leurs Cours ils se permettent des pamphlets [14]. En 1718 Pierre le Grand fit arrêter le résident hollandais à St-Pétersbourg, Débie, lui enleva tous ses papiers et réclama ensuite son rappel. Il s'était mêlé de questions intérieures en Russis et avait entretenu des relations suspectes avec des sujets russes [15].

Somme toute, les mesures permises aux Etats par le droit de légitime défense sont difficiles à réunir en formule juridique; c'est à la politique, dans chaque cas concret, de déterminer les moyens de défense et de contrainte les plus convenables et les plus appropriés à la situation. Les mesures à prendre contre l'ambassadeur devront être d'autant plus graves que le péril est plus grand pour l'Etat. Une question encore est celle de savoir si la position dangereuse d'un Etat

---

[12] Ch. de Martens et Calvo trouvent ici une atteinte au droit des gens.

[13] Н. Пекарскій, *Маркизъ де-ла-Шетарди въ Россіи.*

[14] Ф. Мартенсъ, *Международное право*, t. II, p. 47.

[15] Voir, pour de plus amples détails, Ф. Мартенсъ, *Международное право*, t. II, p. 39.

pourrait lui permettre de tuer un ambassadeur. Grotius[16] est de l'avis que: «lorsqu'un ambassadeur prépare une entre-«prise à main armée, il peut être tué en cas de légitime «défense» Barbeyrac croit également que l'Etat peut quelquefois condamner à mort l'ambassadeur étranger lorsqu'il s'agit de sa propre conservation. D'autre part Bynkershoek[17] remarque avec beaucoup de raison que presque toujours on pourrait trouver un autre expédient: «*Expulsio vel custodia legati alioquin suffecerit ut salute nostra consulamus*».

V. EXEMPTION DE LA JURIDICTION FISCALE DANS L'ÉTAT QUI REÇOIT [1].

§ 30. Le ministre public avec son personnel est exempté de tous les impôts, contributions et servitudes directes et personnelles. Cette exemption ne porte cependant pas sur les cas où il n'y a aucun rapport avec son caractère of-

[16] Grotius, *lib.* II, *cap.* XVIII, § IV, № 7.
[17] Bynkershoek, *cap.* XXIV.

§ 30. [1] Vattel, t. III, pp. 290—294; Klüber, §§ 205 et 206; Martens, Guide, t. I, § 35; Pradier-Fodéré, Cours, t. II, pp. 45—68; Wheaton, Élém., t. I, p. 218; Martens, Précis, t. II, §§ 227—229; Calvo, t. I, §§ 593—594; Dalloz, Jurisprudence «Agent dipl.», § 4; Gand, Code, pp. 60—63; Merlin, Répertoire «Ministre public», sect. V, § V; Garden, Traité de dipl., t. II, pp. 172—174; Twiss, *Peace*, § 203; Phillimore, t. II, pp. 239—240; Halleck, *chap.* IX, § 24; Woolsey, *part.* I, *chap.* IV, *sect.* II, § 93; Hall, p. 151; Gottschalck *Exterritorialität*, pp. 71—76; Neumann § 63; Hartmann, pp. 105—106; Schmelzing, t. II, § 356; Saalfeld, § 70; Zorn, dans *Hirths Annalen*, 1882, p. 116; Ф. Мартенсъ, *Международное право*, t. II, pp. 54 et 56; Miruss, t. I, §§ 343-344; Alt, §§ 77—80; Bluntschli, *Völkerrecht*, §§ 222—223; Heffter-Geffcken, § 217; Bulmerincq, *Völkerrecht*, § 73.

ficiel et représentatif: à titre de propriétaire d'immeubles il a à payer les contributions qui en dépendent, même pour l'hôtel de l'ambassade [2]; comme manufacturier ou négociant il doit acquitter les droits de commerce et de manufacture; il paye, en tant qu'une courtoisie toute particulière ne crée une exception, toutes les contributions indirectes telles que: droits de consommation, de ports de lettres, de péages de ponts et chaussées, etc. L'ordonnance de Saxe de 1830 [3] dit, par exemple: « La franchise des impôts pour les ambassadeurs « ne s'étend pas *a*) sur les impôts fonciers, *b*) sur les redevances au profit des caisses domaniales, destinées à l'entretien des établissements publics, *c*) sur les impôts indirects « et impôts de consommation ».

L'ambassadeur doit enfin, comme toute autre personne privée, payer les droits de douane pour ses effets qui passent la frontière. Il n'y a en théorie aucune raison d'admettre la franchise des droits de douane en faveur de l'ambassadeur. Les droits de douane ne sont pas une redevance directe et personnelle, c'est pourquoi le privilège d'exemption ne peut y trouver place. Bulmerincq [4] réclame ici « la « franchise des impôts pour la personne de l'ambassadeur « et pour les effets qui lui sont indispensables». Le mot «indispensable» est trop relatif pour être un terme de jurisprudence. Ce qui peut être indispensable d'après l'appréciation d'un ambassadeur, peut d'après un autre être superflu. Qui

[2] La maison de l'ambassadeur est exempte du droit de logements militaires (*Bundesgesetzblatt* 1868, p. 524, § 4), mais non de l'impôt immobilier sur les maisons.

[3] Miruss, t. II, p. 263.

[4] *Rechtslexikon*, « *Exterritorialität* ».

doit en décider? Le gouvernement étranger doit-il, par exemple, dresser une liste de tout ce qui paraîtrait «indispensable» à un ambassadeur, ou l'ambassadeur doit-il présenter un état des objets qui lui sont «indispensables»? Les deux procédés seraient contraires à la dignité de l'ambassadeur. Alt [5] croit, comme Bulmerincq, «que les objets que l'am« bassadeur fait venir de l'étranger pour son usage personnel « et celui de sa suite, ne doivent pas payer les droits de douane. Bluntschli [6] émet également une fausse opinion: «Il est « certain, dit-il, que la personne exterritoriale jouit de la « franchise des droits d'octroi et de douane pour les effets « et marchandises qu'il apporte avec soi, ou qu'il fait venir « pour son usage». Heffter [7] défend aussi la franchise des droits de douane et des impôts indirects pour l'ambassadeur. Gand [8] déclare que «d'après la fiction qui considère les « ambassadeurs comme étant dans un Etat étranger, les objets « qu'ils apportent avec eux et qu'ils font venir en France « pendant leur séjour, objets pour leur usage personnel, « doivent être libérés des droits de douane et d'octroi». La plupart des partisans de l'idée de la fiction de l'exterritorialité se rencontrent sur cette fausse route.

Auparavant, par courtoisie spéciale, on accordait aux diplomates étrangers une franchise de tous les droits de douane; cependant les abus que cette concession finit par engendrer déterminèrent la majeure partie des Etats à limiter ces libéralités aux ambassadeurs ou à les supprimer. L'am-

[5] *Gesandtschaftsrecht*, § 77.
[6] *Völkerrecht*, § 138.
[7] § 217.
[8] Code des étrangers, p. 60

bassadeur de France en Danemark, le comte de Camilly, avait fait venir de Paris de grandes caisses qui devaient soi-disant contenir des meubles; de fait elles se trouvèrent remplies d'articles de luxe. Après leur réception Camilly se livra à un commerce fort étendu et à Copenhague les dames du monde achetaient exclusivement chez lui tous «les articles de Paris». Ces transactions cessèrent au moment où les négociants de Copenhague se plaignirent de ce fait au gouvernement, plainte qui amena l'abrogation du privilège concernant l'exemption des droits de douane. Les ambassadeurs d'Espagne, de France et de Turquie à Vienne profitèrent du monopole sur les tabacs pour vendre une énorme quantité de tabac au préjudice de la régie. A lui seul l'ambassadeur de Turquie, par l'importation de 1,000 balles de tabac, causa à la régie un dommage évalué à 100,000 florins. Le nonce du pape, Passiani ne négligeait pas non plus cette industrie fort avantageuse [9]. Le chargé d'affaires de France à Saint-Pétersbourg, Casimir Périer, fit venir de l'étranger une quantité d'objets pour lesquels il aurait dû payer 1,500 roubles de droits. L'envoi fut arrêté à la frontière [10].

Les dispositions législatives concernant la franchise des droits de douane varient d'après les faveurs accordées par les nations.

1. La note du 11 février 1817, adressée par le ministre des finances [11] au corps diplomatique à St-Pétersbourg, contient à peu près les mêmes principes, restés aujourd'hui en

[9] Alt, p. 85.
[10] Ф. Мартенсъ, *Международное право*, t. II, p. 55.
[11] M. N. R., t. III, pp. 96 et suiv.

vigueur en Russie. L'article 1150 des règlements de douane [12] dit que «tous les ambassadeurs étrangers et leur « suite, ainsi que tous les employés des ambassades, peuvent « passer la frontière sans être visités» *(безъ досмотра)*. «Les « autorités douanières, continue l'article, sont obligées de « témoigner à ces personnes une déférence convenable *(при- « личное уваженіе)*, et de faire leur possible pour leur éviter « toutes les difficultés qui peuvent résulter d'une retenue « à la frontière». «Tous les effets des ambassadeurs qui sont « accrédités près le Czar, doivent sans exception passer la « frontière sans retard et en franchise de tous droits *(невоз- « бранно и безпошлинно)*» (article 1263), et «depuis le jour « de l'arrivée de ces personnes jusqu'à l'expiration du délai « d'une année, tous les objets expédiés à leur adresse doivent « également passer la frontière sans difficulté et en franchise « de tous droits» (art. 1264). «Pendant la durée d'une année « les envoyés diplomatiques peuvent compter sur une exemp- « tion des droits de douane et cela d'après leur rang jusqu'à « concurrence d'une somme de 4,500, 3,000 ou 1,500 roubles» (art. 1265). «Si un agent diplomatique se propose dans le « courant de cette année de faire venir de l'étranger des objets « dont l'entrée est prohibée d'après le tarif en vigueur, ceux-ci « peuvent passer la frontière en franchise en vertu d'une « autorisation spéciale du ministre des finances» (article 1267). « Pour les ambassadeurs qui sont restés accrédités près la « Cour de Russie pendant plus de dix ans, cette exemp- « tion des droits de douane leur est de nouveau accordée « tous les dix ans» (art. 1268).

[12] *Сводъ законовъ; томъ VI, изданіе 1857 года, I, Уставъ таможенный по Европейской части.*

2. L'Empire Romain (Germanique) accordait aux ambassadeurs une franchise de droits de douane complète. Dans un édit de l'empereur Léopold du 4 mars 1666 [13], on lit: « Les mobiliers, denrées de con- « sommation et victuailles des ambassadeurs et envoyés, pas- « seront et repasseront partout en franchise de tous droits, « prélèvements et péages ». Les capitulations électives des empereurs Léopold II et François II [14] ordonnent: « que les ambassadeurs soient libérés de tout impôt per- « sonnel ».

3. La Confédération Germanique a établi pour ses envoyés, ainsi que pour les ambassadeurs étrangers accrédités auprès d'elle, une franchise tout particulièrement étendue. Dans la déclaration de 1816, il est dit à l'art. 4 [15]: « Les envoyés de la Confédération jouissent personnellement, « ainsi que pour toutes les personnes attachées à leurs am- « bassades, d'une complète franchise d'impôts et de contri- « butions de toutes sortes, particulièrement des droits d'octroi « et de péage de route, de redevances sur les consommations « et sur les mobiliers qu'ils font venir pour eux, ou bien « pour leurs attachés. Ils ont aussi la faculté d'introduire « des meubles fabriqués par des étrangers hors du temps des « foires ». En 1824 ces droits ont été étendus aux ambassadeurs étrangers [16].

4. La Prusse [17] publia en 1787 le règlement suivant:

---

[13] Miruss, t. II, annexe 37, p. 250.
[14] Miruss, t. I, pp. 432 et 433.
[15] Miruss, t. II, annexe 50, p. 290.
[16] Miruss, t. II, annexe 53, p. 308.
[17] M. R., t. IV, p. 346.

§ 1. « Il sera permis, comme par le passé, aux ministres « étrangers d'importer en franchise de péage et d'accise, à « leur première entrée, dans le terme d'un an, leurs hardes, « leurs meubles, leur linge, leur vaisselle, leurs livrées, et, « en général, tout ce qui, étant déjà fait et travaillé, appar- « tient à l'établissement de leur maison, mais non tout ce « qui est encore à mettre en œuvre, comme des étoffes en « pièces entières, en demi ou en quarts de pièces. On leur « laisse aussi la liberté de faire entrer à leur usage un ser- « vice de table de porcelaine, mais sous la condition de l'ex- « porter à leur départ ou de le céder à leur successeur, sans « le vendre ou donner d'ailleurs dans le pays ». § 2. « Mes- « sieurs les envoyés, sans distinction, ont, à leur premier éta- « blissement et pendant le cours de la première année, l'en- « trée franche d'accise pour la valeur de 2,000 écus en objets « de consommation, de vins ou de marchandises, ou d'effets « chargés de gros impôts, en tant qu'ils ne sont pas pro- « hibés ».

5. L'ordonnance royale de Saxe du 29 novembre 1839 [18] contient une franchise très étendue pour les ambassadeurs. Ils jouissent (art. I) d'une exemption *a*) de tous impôts directs et personnels, *b*) de tous droits d'entrée et de consommation quant aux marchandises et objets leur appartenant et importés pour leur usage, *c*) des droits d'escorte, y compris l'escorte personnelle, et des droits de péage de l'Elbe.

6. Dans l'Empire d'Allemagne les règles suivantes sont en vigueur: Dans le traité entre la Confédération Germanique, la Bavière, le Wurtemberg, Bade et la Hesse, re-

[18] Miruss, t. II, annexe 42, p. 263.

latif à la continuation de l'Union Douanière et de Commerce en date du 8 juillet 1867 [19], l'article 15 dit: « Les objets « qui arrivent pour les ambassadeurs accrédités près des Cours « ne sont pas exempts du paiement des droits d'après « le tarif et s'il y a indemnisation de ces droits, elle ne peut « être portée sur le compte général des dépenses ». D'après l'art. 40 de la Constitution de l'Empire les dispositions de cette convention douanière restent en vigueur. Les indemnisations ne peuvent par conséquent se faire qu'au compte privé d'un Etat. En vertu [20] d'une résolution du conseil fédéral en date du 29 avril 1872, le montant des droits de douane dû par les ambassadeurs accrédités auprès de l'Empire d'Allemagne est porté au compte de l'Empire.

7. En Autriche, en vertu d'un ordre du ministre des finances en date de l'année 1858, les ambassadeurs sont, par courtoisie spéciale, libérés du paiement des droits de péage des ponts et chaussées, et, d'après une note du bourgmestre de Vienne, du prélèvement de l'impôt sur les chiens. Ils ne prennent naturellement aucune part à toutes les contributions communales et de l'Etat. Par contre d'après un ordre ministériel du 25 juin 1868, ils ne sont exemptés des taxes de musique et d'emploi des eaux, dans les établissements d'eaux minérales en Autriche, que dans le cas seulement où la Cour s'y trouve et que leur présence prend un caractère officiel [21].

---

[19] *Reichsgesetzblatt*, 1867, p. 99.

[20] Aufsess, *Die Zölle und Steuern des Deutschen Reichs* dans *Hirths Annalen*, 1880, p. 646.

[21] Vesque von Püttlingen, *Das internationale Privatrecht*, pp. 152, 153.

Les franchises de droits de douane sont exposées dans les règlements du 30 avril 1875. D'après ces règlements les ambassadeurs ont le droit d'introduire tous les objets qui leur sont nécessaires pour leur première installation, dans le courant d'une année, à compter du jour de la remise de leurs lettres de créance. A l'expiration de ce terme les ambassadeurs sont traités, quant à la franchise des droits de douane, d'après le principe de la réciprocité; c'est-à-dire ils sont libérés des contributions douanières en tant que les représentants diplomatiques autrichiens le sont ou ne le sont pas dans l'Etat respectif [22].

8. La France, par son ordonnance du 17 décembre 1722, a exempté les ambassadeurs étrangers, ainsi que le personnel et leurs domestiques, de l'impôt personnel. « de la capitation » [23]. Pour ce qui concerne les franchises de droits de douane, la France observe les mêmes principes que l'Autriche [24].

9. La même règle est suivie en Angleterre [25]. En 1821 cependant lord Londonderry s'est trouvé obligé de rappeler, par une note circulaire adressée au corps diplomatique à Londres, que les franchises de droits de douane sont accordées aux ambassadeurs avec la présomption qu'ils en feraient usage *bona fide* [26].

10. Dans le royaume des Deux-Siciles l'exemption diplomatique des droits de douane était basée sur un décret

---

[22] Vesque de Püttlingen, *Das internationale Privatrecht*, pp. 152, 153.

[23] Merlin, Répertoire, t. XX, p. 306.

[24] Ф. Мартенсъ, *Международное право*, t. II, p. 55.

[25] Ф. Мартенсъ, *Международное право*, t. II, p. 55.

[26] Miruss, t. II, annexe 41. pp. 260, 261.

en date du 22 février 1819 [27]. Tous les objets, exportés ou importés par les ambassadeurs dans le courant de six mois après leur arrivée ou leur départ, pouvaient franchir la frontière sans payer de droits.

11. Le même principe est suivi par l'Espagne conformément à son ordonnance du mois d'octobre 1814 [28].

12. La Suède [29] a dans son règlement de 1766 une disposition qui permet aux ambassadeurs d'introduire en franchise de droits à leur arrivée dans le courant de six mois (à l'exclusion des quatre mois d'hiver), tous les objets nécessaires à leur usage et à leur installation, hormis les matières premières. Ils ne sont pas exemptés d'une visite douanière, qui peut s'effectuer même à l'hôtel de l'ambassade, en présence d'un employé supérieur de la douane. Cette règle est en contradiction avec le principe de l'exterritorialité et la pratique internationale en vigueur. L'hôtel de l'ambassade est dans tous les cas hors de la compétence du pouvoir des employés de la douane; par contre, rien n'empêche en théorie une visite des effets de l'ambassadeur, à l'exception toutefois de sa correspondance, tant que ces effets se trouvent à la douane même. En 1825, les immunités douanières des ambassadeurs reçurent une plus grande extension [30].

13. En Danemark l'exemption des droits de douane a été réglée par une ordonnance de l'année 1771 [31]: Sont affranchis des droits tous les objets mobiliers et tous les effets

[27] M. N. R., t. V, p. 346.
[28] Miruss, t. I. p. 428.
[29] M. R., t. I, pp. 306, 308.
[30] Gottschalck, *Exterritorialität* p. 73.
[31] Martens, *Erzählungen*, t. I, p. 365.

adressés à l'ambassadeur dans le courant de six mois, les quatre mois d'hiver non compris, jusqu'à une certaine somme qui est réglée d'après le rang de l'agent diplomatique.

14. Dans les Pays-Bas, par une disposition de 1726 [32] et 1730 [33], la franchise des droits de douane fut fort limitée et, en 1749 [34], elle ne fut accordée qu'en cas de réciprocité.

VI. EXEMPTION DE LA JURIDICTION ECCLÉSIASTIQUE DANS L'ÉTAT QUI REÇOIT.

§ 31. Le pouvoir souverain sous le rapport ecclésiastique [1] prit son développement à partir de la paix de Westphalie; il donna au souverain le droit d'autoriser ou de défendre dans les limites de son territoire l'exercice d'un culte quelconque. Les ambassadeurs étrangers étaient exempts de ce pouvoir. Ils jouissaient du droit appelé *devotio domestica qualificata,* c'est-à-dire de faire célébrer le service divin d'une façon privée, dans des chapelles spéciales [2] et d'y laisser officier des prêtres de leur religion.

Ce droit, limité strictement à la personne exterritoriale, avait pour condition que le service divin ne prendrait en aucun cas un caractère public, par exemple: par l'érection de clochers et par le son des cloches. Dans les temps modernes, où le principe de la liberté religieuse est devenu dans tous les Etats civilisés une loi fondamentale qui embrasse la

---

[32] Martens, *Erzählungen*, t. I, p. 348.

[33] Martens, *Erzählungen*, t. I, p. 350.

[34] Martens, *Erzählungen*, t. I, p. 351.

§ 31. [1] Richter-Dove, *Kirchenrecht*, p. 260. Voir aussi Geffcken dans *Holtzendorffs Handb. d. Völkerr.*, t. III, p. 659.

[2] Miruss, t. I, p. 464.

liberté des cultes privés, l'exemption des ambassadeurs de la juridiction ecclésiastique n'a plus de raison d'être. Par contre cette exemption a conservé son importance dans les Etats païens, musulmans, et quelques Etats de l'Amérique du Sud, grâce à l'intolérance religieuse qui y subsiste encore. La Russie acquit, par l'article 14 du traité de paix de Kudjuk-Kaïnardji en 1774, le droit d'ériger à Galatz, outre une chapelle d'ambassade, une église grecque, encore placée sous le protectorat de l'ambassadeur russe. Deux églises catholiques à Constantinople sont sous la protection de l'ambassadeur d'Autriche, et les autres sous celle de l'ambassadeur de France.

A plusieurs ambassades, dans les Etats civilisés, sont attachés des aumôniers spéciaux, dont les fonctions ne concernent que les personnes exterritoriales. L'opinion erronée qui appliqua l'idée de la fiction de l'exterritorialité à l'hôtel de l'ambassade, admettait que tous les actes dressés en la demeure de l'ambassadeur d'après la *lex domicilii* de ce dernier, tels, par exemple, qu'un mariage, devaient être considérés comme conclus sur le sol du pays de l'ambassadeur, et être valables dans l'Etat qui reçoit. Cette question ne peut être résolue que de la façon suivante: Un mariage entre exterritoriaux, conclu d'après les règles en vigueur dans leur patrie, doit être valable chez eux ainsi qu'à l'étranger; par contre les mariages entre personnes appartenant à l'ambassade et des sujets de l'Etat qui reçoit ne sauraient être reconnus valables, par ce dernier gouvernement, que lorsque la *lex loci* a été observée, ou qu'une loi spéciale permet dans ce cas l'application de la *lex domicilii* des contractants. Les mariages entre les personnes non exterritoriales, conclus à l'hôtel de l'ambassade, ne sont valables dans l'Etat qui reçoit que si la *lex loci* a été observée.

CHAPITRE II.

Les souverains [1].

§ 32. Le même principe qui exempte l'ambassadeur étranger de l'action du pouvoir territorial de l'Etat, s'applique aussi au souverain séjournant à l'étranger. Quoique certains publicistes anciens, comme Zouch, Coccejus, Helmertshausen [2] soutiennent l'opinion contraire, la pratique moderne de tous les Etats civilisés et la majeure partie des écrivains ayant traité le droit des gens, reconnaissent absolument l'exterritorialité des souverains.

La position légale des souverains à l'étranger a beaucoup de d'analogie avec celle des ambassadeurs, seulement

---

§ 32. [1] Voir: Bynkershoek, *cap.* III; Vattel, lib. IV, chap. VII, § 108, avec les notes de Pradier-Fodéré; Klüber, §§ 49, 58; Pradier-Fodéré, Cours, t. I, pp. 144—154; Laurent, Droit civil intern., t. III, pp. 44—109; Wheaton, Elém., t. I, part. 2, chap. II, § 9; Calvo, t. I, pp. 562—572; Martens, Précis, t. II, §§ 172—173; Phillimore, t. II, pp. 133—155; Twiss, *Peace*, § 158; Hall, pp. 137—139; Stoerk dans Holtzendorffs *Handb. d. Völkerr.*, t. II, pp. 656 et suiv.; Schmelzing, t. I, §§ 201—205; Bar, § 130; Harburger, *Inland*, pp. 204—208; Neumann, pp. 37—38; Berner, § 49; Bluntschli, §§ 129—151; Heffter-Geffcken, pp. 98—101 et pp. 117—124; Kaltenborn dans le *Staatswörterbuch*, « *Exterritorialität* »; Marquardsen dans le *Staatslexikon*, « *Exterritorialität* »; Holtzendorff, *Völkerrecht*, § 29, dans son *Encyclopädie*; Bulmerincq, *Völkerrecht*, § 66, dans Marquardsens *Handb. d. Oeff. Rechts*; Fiore, t. I, pp. 425—458; Ф. Мартенсъ, *Международное право*, t. I, pp. 309—318.

[2] Schmelzing, *Völkerrecht*, t. I, p. 280; Bynkershoek, *cap.* III.

l'idée de l'exterritorialité subit ici une modification dans le sens que la subjection à un pouvoir exterritorial n'a pas lieu. Bien que le souverain soit placé sous le régime des lois de son pays, il n'est pas soumis à un pouvoir, car il représente le pouvoir suprême et marque le point de départ où la situation d'être forcé prend sa fin et où ne reste que le pouvoir de forcer [3]. *Quis custodiet ipsos custodes.* D'autre part, d'après le principe de l'égalité des Etats, la subjection du souverain au pouvoir d'un gouvernement étranger ne peut être établie, *par in parem non habet potestatem.* Les porteurs de la souveraineté, fût-elle concentrée dans une ou plusieurs personnes, comme par exemple dans des corégents, ainsi que les régents qui gouvernent l'Etat indépendamment, à titre de souverains intérimaires, sont exterritoriaux.

L'extèrritorialité ne s'applique pas au président d'une république. De prime abord il est clair que lorsqu'un souverain, aussi bien qu'un président, séjournent à l'étranger pour y exercer des fonctions diplomatiques, les privilèges de l'exterritorialité prennent existence en vertu de leur caractère diplomatique. Le droit des gens accorde cependant, en dehors de cela, au souverain l'exterritorialité en vertu de la position qu'il occupe, comme chef suprême de l'Etat [4]. Pareille position ne peut être attribuée à un président; il n'est pas souverain, mais seulement chef du pouvoir exécutif et simple

[3] Ihering, Zweck, t. I, p. 327; Zorn, dans *Hirths Annalen*, 1882, p. 117.

[4] Voir Fricker, *Die Persönlichkeit des Staats* dans la *Zeitschr. f. d. ges. Staatsw.* 1869, pp. 29—50; Bluntschli, *Staatsrecht*, t. II, pp. 9 et suiv.

fonctionnaire, employé de l'Etat qu'il préside[5]. Dans ce cas l'exterritorialité n'a aucune justification et n'a pas à être appliquée.

§ 33. Le souverain doit être reconnu comme tel par l'Etat sur le territoire duquel il séjourne, et se trouver en possession de l'exercice réel de son pouvoir souverain. Les prétendants au trône, jouissent parfois à l'étranger, en vertu d'une courtoisie toute particulière, et en considération de leur ancienne dignité, des honneurs rendus à la royauté, mais l'exterritorialité ne leur est pas accordée. L'exécution de **Marie Stuart** est souvent citée comme une violation de l'exterritorialité des souverains, mais ce cas ne peut trouver place ici, car un an auparavant elle n'était déjà plus reconnue comme reine d'Ecosse. La reine Christine de Suède, qui ne régnait plus, agissait contrairement aux principes du droit des gens en faisant exécuter en 1657 son grand-écuyer **Monaldeschi**, qu'elle accusait de haute trahison[1]. C'est en vain que Leibnitz[2] a cherché à justifier la reine. Premièrement Christine n'était pas en droit, même en Suède, de faire exécuter Mo-

[5] De même Stoerk dans *Holtzendorffs Handb. d. Völkerr.* t. II, pp. 658 et 667. Dans la Constitution française de 1875 il est dit article III: « L'Assemblée Nationale, dépositaire de l'autorité souveraine, « décrète: M. Thiers est nommé chef du pouvoir exécutif de « la République française: il exercera ces fonctions sous l'autorité de « l'Assemblée Nationale, avec le concours des ministres qu'il aura choisis « et qu'il présidera». Hélie, les Constitutions de la France, t. IV, p. 1360.

§ 33. [1] Voltaire raconte et critique ce cas dans son ouvrage: Le Siècle de Louis XIV, chap. VI; pour de plus amples détails voir Martens, Causes célèbres, t. I, pp. 1—35.

[2] Dans son livre «*De supremalu principum Germaniae*», *cap. IV.*

naldeschi sans une sentence des tribunaux; secondement, dans le cas d'une condamnation légale elle ne pouvait non plus le faire exécuter sur un territoire étranger, et enfin dans ce moment-là elle n'était déjà plus en possession du pouvoir royal. Demeurant en France en qualité de personne privée, elle ne pouvait prétendre à plus de droits que tout autre étranger résidant sur le sol français.

§ 34. Pour éviter les manifestations, par économie et pour leurs commodités personnelles, les souverains entreprennent parfois des voyages incognito, renonçant au caractère officiel qui devrait les accompagner. Dans la règle, la police du pays et le gouvernement territorial sont avisés de la dignité du voyageur, mais ils n'ont pas à tenir compte de cette dignités. L'incognito des princes a la signification d'une volonté, qu'ils expriment, d'être considérés comme personne privée et d'être traités comme individu non exterritorial [1]. Le monarque est libre de renoncer à son incognito quand bon lui plaît et de reprendre son caractère souverain. S'il le fait, il rentre à partir de ce moment dans la pleine jouissance du privilège exterritorial. Lorsque le roi de Hollande se trouva incognito à Vevey, sur le lac de Genève, il fut condamné à une amende, dont le tribunal refusa le paiement dès qu'il se fit officiellement reconnaître [2].

§ 35. Si le prince se trouve sous la dépendance ou le vasselage de l'Etat dans lequel il arrive à séjourner,

---

§ 34. [1] Calvo, t. I, § 528, juge faux: « Mais même quand il voyage incognito, le souverain jouit du droit d'exterritorialité, qui est lié au caractère même de la souveraineté ».

[2] Ф. Мартенсъ, *Международное право*, t. I, p. 310.

cet état de subjection implique la renonciation aux privilèges exterritoriaux. Berner [1] est de l'avis que le prince se trouve dans des conditions de dépendance seulement par rapport à son état de vasselage et qu'il ne peut être ici question que d'une subjection relative, subjection qui s'étend seulement aux marques de service découlant de cette vassalité. Cette séparation entre les actes appartenant ou n'appartenant pas au service est trop indécise pour pouvoir être employée dans la jurisprudence.

Plusieurs princes allemands exerçaient et exercent encore dans l'armée allemande les fonctions de généraux [2] et de même les présidents de certaines républiques se sont aussi placés parfois dans cet état de dépendance. Il n'y a point de subjection par contre dans des relations provenant d'une position honorifique, dans laquelle se trouvent les souverains comme chefs de régiments ou par un classement « à la suite »; ces distinctions ne peuvent également établir une dépendance.

La soumission volontaire d'un souverain à la juridiction des tribunaux étrangers n'est pas sans offrir des difficultés en théorie; il est ici dans la même situation que l'ambassadeur. Tous les deux n'ont pas le droit, comme représentants de leurs Etats, d'entrer d'eux-mêmes dans une condition de subjection quelconque. Ils doivent considérer qu'une situation pareille peut souvent nuire à la dignité et à l'indépendance de l'Etat qu'ils représentent. Enfin c'est une question du droit constitution-

§ 35. [1] Wirkungskreis, p. 206.

[2] Voir l'Almanach de Gotha; par exemple le *duc de Brunswick* comme général en chef prussien était soumis aux lois prussiennes, malgré qu'il fût à la même époque souverain à Brunswick.

nel de chaque Etat, de savoir jusqu'à quel point une pareille subjection peut être admise.

On ne doit par conséquent se décider que pour chaque cas spécial en faveur de l'admissibilité ou de la non-admissibilité de la soumission à la juridiction des tribunaux. Mais, une fois qu'une action est intentée par le souverain étranger devant les tribunaux locaux, il devra se soumettre à la juridiction locale, et toutes les conséquences légales découlant de cette action, ainsi que les actes judiciaires, devront avoir la même valeur et la même force que pour un particulier. En 1853 la Chambre des Pairs d'Angleterre décida que le roi d'Espagne, quoiqu'il comparût comme souverain, devait répondre à toutes les questions que ses défenseurs lui adresseraient, du moment qu'il s'était engagé dans un procès avec la maison Hullet et Wilder [3]. Le même principe fut suivi quant au procès que le gouvernement de l'Etat de Colombie intenta contre la maison de commerce Rothschild à Londres en 1826 [4]. Dans un procès que la maison Rothschild intenta en 1832 à la reine de Portugal, et au cours duquel la reine porta une plainte reconventionnelle, la cour de justice décida que, la reine ayant reconnu la compétence du tribunal, elle devait se soumettre à toutes les formes de la procédure de la cause [5]. Lorsque l'empereur du Brésil Dom Pedro présenta une réclamation en Angleterre, il dut, comme tout plaideur ordinaire, déposer une caution pour les frais du procès [6].

---

[3] Calvo, t. I, § 541.
[4] Calvo, t. I, § 543.
[5] Calvo, t. I, § 543.
[6] Calvo, t. I, § 544.

§ 36. Le souverain, aussi bien que l'ambassadeur, peuvent entrer en relation avec l'étranger d'une double façon: soit en qualité d'hommes privés, soit revêtus de leur caractère public. Il peut se présenter des affaires privées n'ayant rapport qu'à la personne privée du souverain, et qui sont par conséquent de la compétence de la juridiction locale. D'autre part il peut s'agir d'actes que les ouverain conclut comme dépositaire des pouvoirs de l'Etat et comme chef du gouvernement. Ces actes sont publics et se rapportent à la vie organique de l'Etat, ou bien ils réprésentent une partie de ses relations privées. Dans le premier cas l'exterritorialité s'aplique; dans le dernier cas elle ne s'applique pas.

Il y a par conséquent trois cas distincts les uns des autres:

1. Le cas où le souverain agit à titre d'homme privé.
2. Le cas où il conclut un acte gouvernemental de nature publique.
3. Le cas où par un acte du souverain l'Etat entre en rapports privés avec l'étranger.

Pour ce qui concerne le premier point, le caractère privé du souverain fut pris en considération, par exemple, lors de l'acceptation de la succession aux droits de la province médiatisée d'Orange. C'est de ce fait que le roi de Prusse fut cité en 1716 devant la cour néerlandaise, qu'il comparut et prit parti dans le procès qui s'y déroula en qualité de particulier [1]. En 1872 la cour d'appel de Paris accueillit une plainte contre la reine d'Espagne pour des bijoux non payés; cette dernière en avait fait acquisition

---

§ 36. [1] Bynkershoek, *cap.* IV; Phillimore, t. II, p. 141.

pour son compte personnel et non pour celui de la caisse de l'Etat espagnol [2]. Le tribunal de la Seine examina également une plainte des époux Cassalini contre la reine d'Espagne et son mari François d'Assise; elle avait pour motif une affaire privée desdites têtes couronnées.

On peut aussi citer ici le cas d'un procès civil entre deux souverains. Certains publicistes, comme par exemple G. F. Martens [3], sont de l'avis qu'un litige pareil ne peut être résolu par les tribunaux des Etats dans lesquels les deux parties règnent, car l'application du jugement de l'un de ces tribunaux aurait le caractère de représailles et d'actes de violence. L'opinion opposée est soutenne par Calvo [4] et Phillimore [5], qui démontrent que les tribunaux respectifs sont organisés d'après les exigences modernes, que le juge occupe une position indépendante du pouvoir exécutif, que cette position fournit une garantie suffisante pour l'impartialité et la légalité dans la procédure du procès. Il y a cependant deux autres voies encore pour arriver à régler les procès civils entre souverains ou Etats. La première voie, amiable, c'est de faire valoir un *forum prorogatum* et de se soumettre à la décision arbitrale d'une cour de justice dans un tiers Etat. De cette manière se comportèrent, par exemple, l'Espagne et le Portugal, qui reconnurent le jugement international rendu par la «*Admiralty Court*» relativement aux prises de leur marine [6]. La

[2] Calvo, t. I, § 540; Lawrence sur Wheaton, III, p. 428.
[3] Précis, t. I, pp. 14, 15.
[4] Calvo, t. I, § 546.
[5] Phillimore, t. II, p. 147.
[6] Phillimore, t. II, p. 147.

seconde voie, hostile, c'est de se faire droit par les armes. A quel point cependant les souverains peuvent-ils se servir de la force armée de leur pays pour la poursuite de réclamations civiles, c'est là une question qui concerne le droit constitutionnel de chaque Etat.

Quant au second point, le souverain est exterritorial lorsqu'il conclut un acte d'une nature publique comme chef suprême de l'Etat. L'axiome de l'égalité et de l'indépendance des Etats, exclut dans ce cas toute soumission à une juridiction étrangère. Lors d'une plainte soulevée en 1851 à la *Lord Mayor Court* contre la reine de Portugal «comme souveraine régnante et chef du pays de Portugal», le principe fut établi: qu'aucune cour de justice en Angleterre n'avait le droit d'accepter une plainte contre un souverain, agissant en sa qualité de représentant d'une nation [7]. La *Lord Mayor Court* rejeta en vertu du même principe une réclamation contre la reine d'Espagne en paiement d'un chèque de la trésorerie espagnole [8]. La pratique judiciaire en France a admis le même principe. Il fut exprimé en 1828 à l'occasion d'une affaire de la maison de commerce Balguerie à Bordeaux, contre le gouvernement espagnol, et dans celle de la maison de commerce Ternaux Gandolphe et Cie contre la république de Haïti [9]. Le tribunal se déclara incompétent, attendu «qu'un pareil traité est évidemment un acte d'admi-

---

[7] Phillimore, t. II, p. 143.

[8] Phillimore, t. II, p. 143; Ф. Мартенсъ, *Международное право*, t. I, p. 314.

[9] Ces deux jugements sont littéralement reproduits par Calvo, t. I, § 536, et Phillimore, t. II, pp. 144, 145. Voir aussi Phillimore, t. II, *appendice* IV, pp. 580, 581.

« nistration publique qui ne peut sous aucun rapport être « considéré comme un contrat privé ». Lorsqu'un Français du nom de Solon assigna par devant le tribunal de la Seine, en 1847, le vice-roi d'Egypte, en paiement d'une somme de 100,000 francs pour services rendus comme fondateur et directeur de l'école d'administration au Caire, la plainte fut rejetée pour le motif que « les tribunaux français « sont incompétents dans l'examen des réclamations contre « les actes des gouvernements étrangers [10].

En 1870, c'est pour les mêmes motifs que fut rejetée la demande d'une Française, Mme Massé, en réclamation de dommages-intérêts contre l'Empereur de Russie, pour la fermeture de son établissement de commerce à St-Pétersbourg [11]. La cour d'appel de Paris jugea dans le même sens la réclamation du joaillier Lemaître contre l'empereur d'Autriche François-Joseph, relative à une demande de paiement de 51,479 francs pour des décorations commandées par l'empereur du Mexique Maximilien, en motivant son arrêt sur ce qu'un acte de gouvernement comme celui d'une commande de décorations, ne pouvait être attaquable devant les tribunaux [12]. La pratique belge offre le cas suivant: en 1876 des canons appartenant à la Turquie furent saisis dans le port d'Anvers à la requête d'un fabricant qui avait à faire valoir une réclamation contre le gouvernement turc. L'ambassadeur de Turquie à Bruxelles, Dr

[10] Calvo, t. 1, § 536, et Phillimore, t. II, p. 146, reproduisent le jugement. Voir aussi Phillimore, t. II, appendice IV, pp. 581—591.

[11] Calvo, t. I, § 538.

[12] Calvo, t. I, § 539.

Carathéodory-Effendi, protesta contre cette mesure et demanda à l'appui son avis au professeur de Holtzendorff, de Munich[13]. Ce dernier se prononça contre l'admissibilité d'un pareil séquestre par la raison: 1° que cela pourrait porter atteinte à la qualité du sultan comme chef d'Etat et représentant d'une propriété du gouvernement ottoman; 2° que la qualité des canons défendait une pareille mesure; il ne s'agissait pas ici d'une question de simple propriété, mais de l'intégrité territoriale et de l'existence d'un Etat menacé par une guerre ou un soulèvement; et 3° que les gouvernements étrangers jouissaient de l'exterritorialité. Le tribunal d'Anvers se prononça pour la levée immédiate de la saisie.

Pour ce qui concerne le troisième point, le souverain peut, en sa qualité de chef d'Etat, poursuivre à l'étranger des intérêts tout à fait privés en dehors de toutes conditions organiques de droit. Il rentre alors dans le domaine de la vie privée avec tous les droits et obligations qui incombent à un particulier en général.

§ 37. Les privilèges exterritoriaux du souverain lui donnent le droit négatif[1] de ne pas être soumis au pouvoir territorial, mais ne lui accordent pas un droit positif quelconque. C'est pourquoi le souverain ne pourra pas profiter dans un pays étranger de ses droits à l'égard de ses sujets, si de ce fait il porte atteinte aux droits de la souveraineté territoriale. La question si discutable qui concerne l'étendue de la juridiction que possède le souverain à l'étranger sur

---

[13] *Jahrbuch für Gesetzgebung, etc.*, publiée par Holtzendorff, 1877, pp. 179—185.

§ 37. [1] Voir plus haut, § 15.

les personnes de sa suite, est à résoudre dans le sens qu'il ne peut exercer que la juridiction volontaire et la juridiction contentieuse dans les cas urgents et dans les limites tracées par les lois de son pays. Ni le schah de Perse, ni le sultan de Turquie, ne purent dans leurs voyages à travers l'Europe faire valoir leur pouvoir absolu contre les personnes de leur suite.

§ 38. La suite du souverain jouit aussi bien que le personnel de l'ambassade des droits d'exterritorialité à l'égard du souverain. Pour soustraire le souverain au pouvoir territorial de l'Etat, il ne suffit évidemment pas que sa personne seule soit revêtue des privilèges de l'exemption. Il n'y a cependant aucune raison en vertu du droit des gens d'accorder des privilèges aux membres non souverains des maisons régnantes, à moins cependant qu'ils ne fassent partie de la suite du souverain [1]. Quand, au mois de juillet 1888, la reine de Serbie, à la suite de désaccords de famille, fut contrainte, par la police locale de Wiesbade, de se séparer de son fils et de céder au désir de son mari, on souleva de plusieurs côtés cette question: la reine ne jouissait-elle pas du droit d'exterritorialité, la police allemande n'avait-elle pas eu tort d'intervenir? La reine séjournait en Allemagne seule, ne faisait pas alors partie de la suite de son mari, elle n'était pas souveraine, mais seulement sujette du roi de Serbie; il est hors de doute que le droit d'exterritorialité n'a pu lui être appliqué.

Cédant à un sentiment de courtoisie exceptionnelle, quelques Etats accordent le droit d'exterritorialité aux princes

§ 38. [1] Stoerk, *Handb. der deutschen Verfassungen*, p. 411.

héréditaires, et même à tous les membres de la famille des souverains étrangers. Ainsi, par exemple, la Constitution de Saxe-Cobourg (§ 94) dispense «les souverains étrangers et les membres de leur famille» de la nécessité d'obéir aux autorités locales.

La question de savoir si le mari d'une souveraine est exterritorial ou non doit être résolue d'après le caractère juridique qui est accordé à celui-ci par la Constitution de son pays. A ce propos beaucoup de controverses ont surgi en Angleterre après que le prince Albert eut été déclaré *Prince Consort*.

§ 39. Pour les objets et effets du souverain il y a analogie avec les droits qui sous ce rapport appartiennent à l'ambassadeur; il y a une distinction à faire entre les objets mobiliers qui sont à son usage, qui se trouvent en rapport avec son caractère souverain, et ceux qu'il possède en qualité d'homme privé, par exemple: comme négociant ou fabricant. Les premiers sont exterritoriaux; les derniers ne le sont pas. Les immeubles du souverain, à l'exception du palais ou de l'hôtel qui lui appartiennent, et cela pendant le temps qu'il y séjourne, sont soumis à la *lex rei sita* [1].

§ 40. L'exterritorialité des souverains est basée sur le consentement tacite des nations. En l'absence d'un refus catégorique de l'admettre, la présomption

§ 39. [1] Il ne s'agit ici bien entendu que de la propriété privée du prince. La propriété de l'Etat, telle que les navires de guerre par exemple, est naturellement hors d'atteinte; nous ne vivons plus à l'époque de la théorie patrimoniale de Haller. Bynkershoek *(cap. IV)* ne fait pas cette distinction, et cite le cas, unique dans son genre, où en 1668 un créancier particulier du roi d'Espagne fit séquestrer trois navires espagnols dans le port de Flessingue.

de l'exterritorialité doit avoir lieu. Les publicistes ont fort discuté pour savoir s'il faut, chaque fois que le souverain met le pied sur un territoire étranger, une autorisation spéciale du gouvernement territorial. Il est incompréhensible cependant qu'un souverain ait moins de droits que tout autre étranger auquel aucun mur chinois n'interdit le libre accès du territoire d'un Etat. C'est en vertu de considérations d'opportunité fort compréhensibles, et non en conséquence d'un devoir, qu'on fait dépendre l'arrivée d'un souverain d'une autorisation de l'Etat étranger, soit « en exprimant le désir » ou « en manifestant l'intention », ou « en annonçant le projet » du souverain, de venir sur un territoire étranger. Si par contre un souverain se trouve sur le territoire d'un Etat étranger malgré la volonté expressément exprimée de ce dernier, le fait doit être considéré comme un acte d'hostilité. Contre celui qui agit de cette façon en ennemi, il y a le droit de légitime défense, qui dans les cas extrêmes ne justifie que l'éloignement forcé du souverain, mais jamais sa condamnation à mort [1].

§ 41. Les exemptions suivantes sont applicables aux souverains aussi bien qu'aux ambassadeurs:

L'exemption de la juridiction civile.

L'exemption de la juridiction criminelle.

L'exemption de la juridiction de police.

L'exemption de la juridiction fiscale.

L'exemption de la juridiction ecclésiastique.

---

§ 40. [1] Bynkershoek *(cap. XVIII)*, est de l'avis contraire.

CHAPITRE III.

Les consuls en Orient [1].

§ 42. C'est au temps des Croisades qu'il faut chercher l'origine des institutions consulaires. En même temps que les croisés, des marchands chrétiens se rendirent en Orient pour y fonder des factoreries de commerce. En vertu du principe de personnalité du droit qui régnait à cette époque, ces établissements étaient administrés selon leurs lois nationales et dépendaient des autorités de leur pays d'origine. Cet ordre de choses se confirma au XIIe siècle lorsqu'on introduisit dans les factoreries d'Orient des juges spéciaux élus parmi les membres de la classe commerçante et qui s'appelaient consuls. Les juges-consuls étaient reconnus en même temps comme chefs de leurs nationaux, et par une série de traités, nommés capitulations, conclus avec la puissance mahométane, il leur

§ 42. [1] Voir: Vattel, liv. II, chap. II, § 34, avec les annotations de Pradier-Fodéré; Bynkershoek, *cap.* X; Martens, Précis, t. I, §§ 147—150; Klüber, §§ 173—174; Fölix, t. I, §§ 215, 219—221; Wheaton, Eléments, t. I, p. 223; Martens, Guide, t. I, § 72 et § 75; Calvo, t. I, §§ 503 et 504; Halleck, pp. 255 et suiv.; Twiss, t. I, § 192 et § 206; Kent, *chap.* III; Field, pp. 70—77; Woolsey, §§ 99—100; Phillimore, t. II, pp. 337—342; Мартенсъ, *О консулахъ*, pp. 290—292; Zorn dans *Hirths Annalen* 1882, pp. 437 et suiv.; Harburger, *Inland,* pp. 159—171; Heffter-Geffcken, §§ 246—248; Bluntschli, §§ 267—275; Oppenheim, pp. 211—215; Miruss, t. I, §§ 393—396; Alt, § 31; Berner. *Wirkungskreis,* § 52; Bulmerincq, *Völkerrecht,* § 75, dans *Marquardsens Handbuch des Oeffentlichen Rechts;* Bulmerincq dans *Holtzendorffs Handbuch des Völkerrechts,* t. III, pp. 720—735 et pp. 753—792.

fut conféré les droits d'administration et de juridiction de la factorerie.

Quand au XVe siècle les pays d'Orient passèrent sous la domination musulmane, les Européens parvinrent à assurer encore mieux leur situation; ils obtinrent, par de nouvelles capitulations, que la compétence des juges-consuls fût étendue à tous les procès civils et criminels de leurs nationaux et à la juridiction de police. Enfin les consuls furent reconnus comme protecteurs et représentants des intérêts de leurs nationaux devant les autorités locales.

L'institution des consulats pénétra de l'Orient en Europe au XVIe siècle, mais elle ne put se maintenir longtemps dans son organisation primitive. La souveraineté des Etats ne pouvait supporter un tel obstacle à son pouvoir, du moment que l'étranger avait la garantie d'obtenir justice et satisfaction légale aussi bien que l'indigène. Le principe territorial, qui faisait de plus en plus reculer le principe de la personnalité, ne pouvait reconnaître une situation exceptionnelle pouvant dérober tous les étrangers à la sphère de sa puissance; enfin au XVIIe siècle les consulats perdirent encore de leur importance par suite de la création d'ambassades permanentes; par leur entremise les sujets étrangers pouvaient toujours trouver aide et protection en cas de besoin. Ces raisons expliquent parfaitement la décadence du pouvoir consulaire en Europe; ce dernier finit par se concentrer surtout dans la protection des intérêts commerciaux de son pays. Dans les temps modernes, où le négoce s'est converti en commerce universel, à une époque où les relations se sont étendues au monde entier et où la politique coloniale a pris une place remarquable, l'importance des consuls tend à augmenter, mais on ne les classe cependant pas au rang de représentants diplomatiques. Sauf quelques privilèges on ne leur accorde aucune exterritorialité.

Pour l'Orient c'était le contraire. Là où l'Etat et la justice sont restés en une forme incomplète, où le manque de liberté civile et d'une consolidation du droit se fait sentir, où enfin les raisons qui ont influé sur l'organisation des consulats dans leur forme primitive sont restées les mêmes, aucun changement n'est survenu dans cette institution. La situation légale des consuls en Orient ne s'est pas modifiée; aujourd'hui elle est encore la même, quoique la Porte-Ottomane ait tenté en 1881 de restreindre le pouvoir des consuls, essai qui a complètement avorté.

Les consuls en Orient ont non seulement le devoir de protéger le commerce et la navigation, de surveiller l'exécution des traités, de prêter secours et assistance aussi bien aux sujets de leurs Etats qu'à ceux des puissances alliées dans leurs relations et affaires privées, mais encore de traiter les affaires diplomatiques. Il est par conséquent naturel et indispensable que leur caractère diplomatique soit pourvu d'immunités. Ils sont, comme les ambassadeurs, exempts du pouvoir territorial de l'Etat. Leur exterritorialité leur donne en outre, parce qu'ils se trouvent dans le domaine du pouvoir de leur Etat, des droits positifs [2] qui concourent avec le pouvoir du gouvernement territorial. Ils exercent des droits souverains sur les sujets européens qui appartiennent à leur circonscription consulaire.

---

[2] Voir le paragraphe suivant et § 15.

SECTION II.

LES COMMUNAUTÉS DE PERSONNES EXTERRITORIALES.

CHAPITRE I.

Les sujets européens en Orient [1].

§ 43. L'absence de l'ordre dans les Etats non chrétiens, la différence de culture de l'esprit, ainsi que les dissidences religieuses qui subsistent entre les peuples de l'Orient et de l'Occident, contribuent à rendre impossible l'application des règles du droit des gens dans les pays orientaux, ainsi que cela se pratique dans la communauté internationale. Gouvernés par le Coran, source d'idées intolérantes et hostiles à toute autre croyance, l'empire des Osmanlis, de même que la Perse et les Etats Barbaresques, ne peuvent fournir aux étrangers la garantie nécessaire pour la sécurité de leur existence, de leur liberté, de leur honneur et de leur propriété; il en est de même pour la Chine.

§ 43. [1] Voir: Klüber, §§ 58, 173, 174: Wheaton, Elém., t. I, p. 223; Martens, Guide, § 75; Clercq et Vallat, t. II, pp. 357—431; Féraud-Giraud, t. I, pp. 23—81; Calvo, t. I, §§ 503—514; Phillimore, t. II, pp. 337—342; Halleck, pp. 255—267; Kent, *chap.* III; Twiss, *Peace*, § 156: Мартенсъ, *О консулахъ*, pp. 292—256: Binding, *Handbuch*, t. I, pp. 410—412; Zorn dans *Hirths Annalen*, 1882, pp. 437 et suiv.; Harburger, *Inland*, pp. 142—158; Heffter-Geffcken, §§ 216—248; Miruss, t. I, § 355; Bar, § 138; Alt, § 31: Bluntschli, § 269; Bulmerincq, *Völkerrecht*, § 78, dans *Marquardsens Handbuch des Oeffentlichen Rechts;* Stoerk, dans *Holtzendorffs Handbuch des Völkerrechts*, t. II, pp. 656 et suiv.

et le Japon, contrées où cette garantie fait aussi défaut. En conséquence les Etats européens furent obligés de penser à la façon dont il serait possible de garantir à leurs sujets, dans les pays non chrétiens, une protection légale qui leur était indispensable. Cette nécessité fut démontrée par l'exercice de leur protection et celle de leur juridiction sur leurs sujets, les arrondissements consulaires formant une partie du domaine de leur pouvoir. Il s'agit de faire observer qu'il ne peut être ici question d'aucune fiction. L'arrondissement consulaire forme un domaine du pouvoir de l'Etat étranger, y fonctionnant réellement. Par exemple: les arrondissements des tribunaux consulaires allemands en Orient ne sont pas une portion du territoire de l'empire, mais un domaine régulier du pouvoir allemand. Les protégés ne se trouvent pas dans la sphère d'une souveraineté territoriale allemande, mais dans une sphère géographique personnelle et déterminée (par leur association protectrice), où les lois et tribunaux de la patrie exercent leur pouvoir. Le § 3 du code pénal allemand, ainsi conçu: « Les lois pénales de l'empire d'Al-« lemagne sont appliquées à tous les faits commis sur son « territoire », se rapporte directement aux arrondissements des tribunaux consulaires allemands. Lorsqu'en 1858 un Allemand fut condamné pour un acte commis à Alexandrie, il ne put être puni qu'en vertu du § 3 du code pénal prussien, et non pas en vertu du § 4, section 2, № 3, comme le décida le tribunal supérieur de Berlin dans son jugement du 19 mai 1858 [2]. Le § 4 de la loi sur la juridiction consulaire allemande de 1879 dit: « Quant au droit pénal, il est arrêté que

[1] Voir Harburger, *Inland*, p. 155, remarque 35.

« le code pénal pour l'empire d'Allemagne et toutes les autres « dispositions pénales de l'Empire doivent être en vigueur « dans les arrondissements des tribunaux consulaires » [3] et le § 25: « Dès que d'après le code de procédure criminelle le « ministère public est appelé à fonctionner à cause d'une « action contraire aux lois, le consul en vertu de ses fonc- « tions est obligé de procéder à une poursuite » [4]. Les protégés qui n'appartiennent pas à la nationalité du consul, mais qui sont placés sous sa protection, ne sont punis que pour les délits qui sont poursuivis par les lois de l'Allemagne. Quant à l'aggravation de la peine en cas de récidive et pour ce qui est de la poursuite d'un délit, il est indifférent qu'il soit commis sur le territoire allemand ou dans les arrondissements consulaires d'Allemagne. Ceci se rapporte également à tous les Etats. Le consul est même muni du pouvoir législatif et il est en droit de prescrire des mesures de police dans sa circonscription consulaire [5]. Il est evident qu'il n'est pas nécessaire d'avoir récours à la fiction pour expliquer l'exterritorialité; le pouvoir de l'Etat européen étranger concourt avec le pouvoir indigène oriental; le premier possède certains attributs de souveraineté, le second une souveraineté territoriale limitée [6].

[3] *Reichsgesetzblatt*, 1879, p. 197.

[4] *Reichsgesetzblatt*, 1879, p. 202.

[5] Lois sur les Consulats de 1879, § 4; Traité d'amitié entre l'Allemagne et Samoa du 24 janvier 1874, art. VIII. *Reichsgesetzblatt*, 1881, p. 29.

[6] Voir plus haut, § 15.

Les sujets des Etats européens immatriculés au consulat se divisent, savoir:

1. En sujets de l'Etat auquel appartient le consulat.

2. En sujets d'autres Etats, qui, par des traités ou autres conventions, jouissent de la protection consulaire.

3. En individus qui, sans avoir droit à cette protection, l'ont obtenue par faveur. A cette catégorie d'individus qui sont sujets de fait, appartiennent les personnes qui elles-mêmes, ou par leurs parents, étaient auparavant sujets de la nation du consulat, les personnes qui ethnographiquement sont de nationalité européenne et les personnes qui ont un emploi subalterne au service diplomatique ou consulaire, ou, encore, qui étaient au service en cette qualité, comme par exemple les drogmans et les kavas [7].

Tous les protégés d'un arrondissement consulaire se trouvent sous la protection et la juridiction de leurs consuls et sont exterritoriaux.

Dans les pays orientaux la juridiction et l'organisation accordées aux Etats européens diffèrent par les détails; cependant les éléments fondamentaux en sont partout les mêmes. Dans les limites de leurs arrondissements consulaires, les consuls sont seuls juges compétents dans les différends survenus entre leurs protégés. Ils forment en matière civile une première instance contre laquelle on ne peut appeler qu'aux instances supérieures de leur patrie. Dans les affaires criminelles, ils ne jugent que les contraventions légères et ne condamnent qu'à une amende; dans les affaires qui sont

[7] Zorn dans *Hirths Annalen*, 1882, pp. 439, 440. Voir aussi les instructions consulaires de l'Empire d'Allemagne du 1er mai 1872 chez König, pp. 470—474.

plus graves et pour ce qui est des crimes, ils font l'office de juges d'instruction; ils expédient ensuite le délinquant dans leur patrie.

Les procès civils et commerciaux entre protégés de différentes nationalités chrétiennes, sont déférés à des tribunaux mixtes, composés de membres appartenant à la nationalité des deux parties; leur organisation a lieu d'après le principe du droit romain *actor sequitur forum rei*. L'ambassade de la nation à laquelle appartient l'accusé a seul le droit d'établir un tribunal de ce genre; il doit être composé d'un juge choisi par l'ambassade du plaignant, et de deux juges élus par l'ambassade de l'accusé. Les juges délégués décident en première instance à la majorité des voix; le jugement est publié par l'ambassade de l'accusé, à laquelle incombe aussi l'obligation de poursuivre l'exécution de l'arrêt. Si le plaignant ou l'accusé interjettent appel, cet appel est envoyé au tribunal constitué comme deuxième instance, pour confirmer ou casser les jugements rendus par les consuls.

Dans les litiges entre les protégés et les sujets du pays les droits des consuls varient selon les capitulations:

1. En Turquie et en Perse, les affaires de ce genre sont jugées par les tribunaux locaux, qui ne peuvent cependant entreprendre aucun acte judiciaire sans la participation du consul respectif. Ce dernier représente son protégé et défend ses intérêts. On lui adjoint un chancelier, qui fait l'office de notaire, et un drogman, qui assiste aux débats, comme interprète du consul, si ce dernier ne connaît pas la langue; le drogman prête de même son concours au protégé.

2. En Chine et au Japon, le jugement est rendu en commun par les autorités locales et le consul.

3. En Egypte, depuis l'année 1876, on a introduit des tribunaux mixtes. Les tribunaux de première instance se composent de quatre Européens et de trois sujets du pays; ils se trouvent au Caire, à Alexandrie et à Ismaïl; le tribunal d'appel est composé de sept Européens et de quatre sujets du pays; il a son siège à Alexandrie.

L'exterritorialité des consuls et de leurs protégés repose sur une multitude de traités [8]. Les lois du gouvernement oriental d'une part, et celles des Etats européens de l'autre correspondent avec ces traités et ont servi de base à toute l'organisation de la juridiction consulaire [9].

CHAPITRE II.

Les navires de mer exterritoriaux [1].

§ 44. 1. Le navire de guerre, c'est-à-dire tout navire de la marine de l'Etat à bord duquel se trouve un

---

[8] Les traités de la Russie; à ce sujet voir chez Мартенсъ, *О консулахъ*, pp. 188—290; de la France chez Féraud-Giraud, t. I, pp. 83—252; de l'Angleterre chez Philimore, t. II, pp. 315—326; de l'Allemagne chez König, *Handbuch*, pp. 178 et suiv. Sont à ajouter pour l'Allemagne le traité du 1er nov. 1876 avec le roi de Tonga (*Reichsgesetzblatt* 1877, p. 517), avec le gouvernement de Samoa (*Reichsgesetzblatt* 1881, p. 29), la convention sur l'exercice du droit de protection dans le Maroc du 3 juillet 1880 (*Reichsgesetzblatt* 1881, p. 103), le traité avec les Etats-Unis du Mexique du 5 déc. 1882 (*Reichgesetzblatt* 1883, p. 247), le traité avec le royaume de Corée du 26 nov. 1883 (*Reichsgesetzblatt* 1884, p. 221).

[9] Ce serait dépasser le cadre de notre travail, si nous voulions parler spécialement de l'organisation de la juridiction consulaire de chaque Etat. Il suffit, pour le but que nous nous sommes proposé, d'établir qu'elle se trouve dans des conditions de concurrence avec la juridiction orientale

§ 44. [1] Voir: Calvo, t. I, pp. 612—616; Ortolan, Diplomatie de la mer, t. I, pp. 211—219; Kluber, § 55; Wheaton, Elém., t. I,

commandant militaire avec son équipage [2], porte avec soi la souveraineté et l'indépendance de son Etat. Il ne s'agit pas ici d'un cas de représentation diplomatique, mais d'une application réelle du pouvoir de l'Etat. Toute fiction de droit dans ce cas est inadmissible. Le navire de guerre est exterritorial dans le territoire maritime [3] de l'Etat étranger, car il représente d'une façon positive l'autorité officielle de la mère-patrie, la véritable réalisation d'une partie flottante du domaine du pouvoir de l'Etat [4]. Stoerk [5] dit avec justesse: « Le navire de guerre ne se trouve pas dans une « relation de droit artificielle par rapport au pavillon de son « Etat, il est une partie matérielle de l'Etat, sur laquelle « toutes les obligations et tous les droits concernant le tout « sont en vigueur dans une limite circulaire locale ».

Un Etat peut bien considérer comme inadmissible l'introduction d'un pouvoir de l'Etat étranger dans la sphère

---

pp. 124—136; Hall, §§ 54—55; Phillimore, t. I, pp. 476—483; Lorimer, t. I, pp. 252—260; Twiss, *Peace*, § 158; Halleck, p. 171: Harburger, *Inland*, pp. 114—126; Heffter-Geffcken, § 79; Bluntschli, §§ 321—322; Perels, pp. 94—125; Bar, p. 411, remarque 7, et p. 607; Attlmayer, t. I, pp. 33—43; Neumann, p. 53; Мартенсъ, *Международное право*, t. II, pp. 292—232; Binding, *Handbuch*, t. I, p. 688; Kaltenborn, *Seerecht*, t. II, § 215; Berner, *Wirkungskreis*, pp. 170—171; Oppenheim, chap. VIII, § 5; Bulmerincq dans le *Rechtslexikon* « *Exterritorialität* »; Kaltenborn dans le *Staatswörterbuch* « *Exterritorialität* »; Marquardsen dans le *Staatslexikon* « *Exterritorialität* »; Stoerk dans *Holtzendorffs Handbuch des Völkerrechts*, t. II, pp. 434—446.

[2] § 163 du code pénal de marine d'Allemagne.

[3] Voir plus haut, § 3.

[4] Voir plus haut, § 15.

[5] Stoerk dans *Holtzendorffs Handbuch des Völkerrechts*, t. II, p. 437.

de sa souveraineté et fermer ses frontières aux navires de guerre; s'il ne le fait cependant pas, et s'il ne ferme pas spécialement ses ports aux navires de guerre étrangers, il renonce tacitement, *eo ipso*, à ses droits de souveraineté sur le navire et la présomption légale d'un consentement tacite et d'une reconnaissance de l'exterritorialité doit être admise [6]; d'autre part le navire de guerre est obligé d'annoncer son arrivée, de faire connaître son pavillon, sa dénomination, la force de son équipage, son chargement, le nom du commandant, le but de son voyage et la durée de son séjour. En cas de tempête menaçant son existence tout navire de guerre est exterritorial dans le port de sauvetage.

L'exterritorialité des navires de guerre provient de l'impossibilité d'exercer à leur égard le pouvoir territorial sans porter atteinte à leür organisation militaire, à l'ordre et à la discipline du bord; elle résulte de la garantie que donne leur organisation militaire elle-même. Elle repose de même sur les traités et les lois internationales, principalement sur le droit de coutume. Dans ce cas, l'habitude s'est.tellement enracinée que le besoin d'une reconnaissance spéciale de l'exterritorialité ne s'est pas fait sentir. Hors de l'Europe les puissances ont reconnu ces privilèges en accordant les droits « de la nation la plus favorisée »; par exemple: la république de San-Salvador, dans l'art. 18, de sa convention avec l'Union Douanière Allemande en 1870 (*Bundesgesetzblatt* 1872, p. 387), la république de

[6] De même Perels, p. 94; avis contraire, Bluntschli, § 321: « Les navires de guerre qui sont entrés avec la permission de l'Etat « dans ses eaux, sont exterritoriaux ». Une autorisation autorisation spéciale est superflue.

Costa-Rica, dans l'art. 21 de sa convention avec l'Empire d'Allemagne en 1875 (*Reichsgesetzblatt* 1877, p. 25), le royaume des îles Hawaï, dans l'art. 7 de sa convention avec l'Empire d'Allemagne en 1879 (*Reichsgesetzblatt* 1880, p. 128), les Etats-Unis du Mexique, dans l'art. 6 de la convention avec l'Empire d'Allemagne en 1882 (*Reichsgesetzblatt* 1883, p. 250).

La pratique des Etats n'a jamais changé dans la question de l'exterritorialité des navires de guerre, et elle peut être également considérée en théorie comme un principe définitivement établi. Les essais de Lamprédi, Azuni, Schmalz et Pinheiro-Ferreira en faveur d'une opinion contraire n'ont pas réussi; ils sont restés isolés [7]. Pinheiro-Ferreira par exemple dit, dans son cours de droit public: « Après avoir assimilé l'hôtel de l'envoyé « au territoire de son pays, ils ont cru (les publicistes), et « avec plus de raison, il faut l'avouer, que les vaisseaux de « guerre devaient aussi être considérés comme des portions « détachées du territoire auquel ils appartiennent. Par conséquent, lorsqu'ils sont mouillés dans un port étranger, les « malfaiteurs du pays doivent trouver à leur bord un asile « aussi inviolable que dans l'hôtel de l'ambassadeur, ou dans « le pays même auquel ces vaisseaux appartiennent. Cette « application de leur chimérique fiction aux vaisseaux de « guerre est encore plus dénuée de raison que lorsqu'il s'agit « de l'hôtel et des équipages de l'ambassadeur ».

Pareil raisonnement ne saurait être pris au sérieux; Ortolan le réfute avec habileté. La plupart des publicistes

[7] Voir Ortolan, Diplomatie de la mer, t. I, p. 212.

se prononcent en faveur de notre principe, par exemple Harcourt, Phillimore, Twiss, Heffter. Nizze, Bischof, Kaltenborn, Bluntschli, König, Neumann, Berner, Attlmayer, Ortolan, Cauchy, Fölix, Chiattarella, Wheaton, Kent, Calvo[8].

L'exterritorialité des navires de guerre comprend:

1. L'exemption de la juridiction locale du fisc. Un navire de guerre étranger n'a pas à être visité par la douane[9]; tout accès à bord du navire dans les intérêts du fisc est interdit; aucun droit de navigation ne doit être prélevé.

2. L'exemption de la juridiction de la police locale. Les navires de guerre étrangers sont tenus toutefois de se conformer aux règles établies dans le port ainsi qu'aux dispositions relatives aux mesures sanitaires[10]. C'est aussi dans ce sens qu'il faut comprendre les dispositions contenues dans les traités entre le Mexique et l'Union Douanière Allemande en date du 28 août 1869. art. 2 (*Bundesgesetzblatt* 1870, p. 527) et entre l'Angleterre et le Pérou en date du 10 avril 1850 (M. N. R. G.. t. XV. p. 142), que voici: «L'entrée des navires de guerre « est autorisée, mais à la condition qu'ils se soumettent aux « lois et ordonnances des Etats contractants».

Le droit de légitime défense existe ici pour l'Etat de même

[8] Perels (pp. 114 et suiv.), reproduit textuellement les opinions, presqu'identiques, de ces publicistes.

[9] Ordonnance du conseil fédéral d'Allemagne, en date du 12 octobre 1878. Perels, p. 97, rem. 3.

[10] Voir le § 4 des règlements autrichiens sur l'admission et le traitement des navires de guerre des nations alliées. Perels, p. 102, rem. 3.

qu'à l'égard de l'ambassadeur. En 1832, à la suite de l'affaire du navire sarde Carlo-Alberto, qui avait abordé clandestinement à Marseille avec plusieurs personnes et qui de concert avec la duchesse de Berry, voulait mettre un complot à exécution, la cour de cassation de Paris déclara: «que le privilège établi par le droit des gens pour « les navires neutres et alliés cessait du moment que ces « navires commettaient des actes hostiles contre les règles « de la neutralité et de l'alliance; dans ce cas ils étaient « à considérer comme ennemis, et devaient subir toutes les « conséquences de leurs actes agressifs» [11].

3. L'exemption de la juridiction locale. On ne doit pas admettre que des organes de l'autorité locale exercent à bord une action quelconque, qui pourrait être considérée comme un résultat des droits de souveraineté [12]. Tous les actes commis à bord, et en général tout ce qui s'y passe, est du ressort de l'Etat étranger. Cette situation anormale, annihilant pour une partie du territoire de l'Etat la souveraineté territoriale, ne peut être justifiée que dans le cas où le pouvoir étranger y exercerait de fait son action. Sur les navires étrangers privés, ne représentant pas le pouvoir public de leur Etat, la justice locale est en vigueur dans toute son étendue. La loi française de 1806, créée par suite de considérations de police, est contraire aux principes du droit. La même loi dit: que la justice française doit être incompétente à bord des navires étrangers privés, dans le cas où, d'une façon ou d'une autre, des

---

[11] Calvo, t. I, § 260.

[12] Règlement autrichien, section III, № 1007. Perels, p. 111 rem. 1.

crimes seraient commis parmi le personnel et l'équipage du navire, et que le trouble de la tranquillité publique se bornerait au navire même.

Si le navire de guerre dans les eaux étrangères dépend du pouvoir de l'Etat de la mère-patrie, tout individu faisant partie du personnel de ce navire, ayant commis à terre une action contraire aux lois, et s'étant réfugié à bord, pour éviter une arrestation, devrait se trouver à l'abri de toutes poursuites ultérieures des autorités territoriales. Il serait alors considéré comme tout réfugié auquel asile aurait été accordé sur le navire de guerre. Le droit des navires de guerre d'accorder asile à leur bord est une conséquence pratique de la concurrence du pouvoir territorial et de celui de l'Etat étranger [13]. Toutefois, le cas où un criminel se serait réfugié à bord d'un navire de guerre étranger doit être considéré autrement que s'il avait passé sur un territoire étranger. Dans cette circonstance le droit d'accorder asile dépend du bon vouloir du commandant du navire et des instructions qu'il possède [14].

La situation légale créée par la fuite d'un esclave à bord d'un navire de guerre est d'un intérêt particulier. Il est clair, d'après ce qui précède, qu'il ne peut être question d'une poursuite ultérieure. Mais le capitaine n'est-il pas obligé de livrer l'esclave? D'abord il y a à prendre en considération que d'après le droit de tous les pays civilisés, spécialement d'après les lois de l'Angleterre, de la France et de l'Autriche, tout esclave est libre du moment où il

---

[13] Voir plus haut le § 15.

[14] Stoerk, dans *Holtzendorffs Handb. d. Völkerr* t. II, p. 442. avis contraire soutenu par Perels, p. 116.

se trouve sur leur territoire. Il en est de même pour ce qui concerne le domaine du pouvoir de l'Etat, et comme le navire en forme une partie, l'esclave devient libre dès qu'il a mis le pied à bord [15]. D'autre part, la fuite d'un esclave pour échapper à l'esclavage, d'après les principes de tous les Etats civilisés, n'est ni un acte lésant un contrat, ni un crime [16]. Le capitaine du navire par conséquent n'est pas obligé de livrer l'esclave fugitif. L'Angleterre, en s'écartant depuis 1870 de la pratique qu'elle avait observée jusqu'à cette époque, a cru devoir rendre à leurs maîtres, dans plus d'un cas, les esclaves réfugiés à bord de ces navires. Dans l'intervalle, après plusieurs négociations entreprises à ce sujet, il fut enfin fixé d'une façon définitive dans la *Slave Circular* de 1876, que: (§ 1) «les réclamations en reddition d'esclaves « ne devaient pas être acceptées», et d'autre part (§ 2) «qu'il « était impossible d'établir des règles générales pour tous « les cas où les capitaines seraient dans le cas de recevoir « un esclave fugitif à leur bord» [17]. De cette manière toute la question est devenue une *questio facti*, dépendant exclusivement de l'appréciation du capitaine.

Si des militaires appartenant au navire de guerre se trouvent à terre dans l'exercice de leurs fonctions, ils doivent être considérés comme personnes exterritoriales, quoiqu'ils soient en dehors du pouvoir de leur Etat [18]. On considère ici que lesdites personnes, quoique séparées par l'espace,

---

[15] Hall, p. 161.

[16] Lorimer, t. I, pp. 256 et suiv.; avis contraire soutenu par Stoerk dans *Holtzendorffs Handb. d. Völkerr.*, t. II, p. 445.

[17] Lorimer, t. I, pp. 259 et suiv.

[18] Voir plus haut, § 15.

restent cependant dans l'exercice de leurs fonctions militaires, en communication organique avec le navire. Toute descente militaire ne peut s'effectuer qu'en vertu d'une autorisation spéciale de l'autorité locale et dans ce cas les conditions exterritoriales concernant les corps de troupes [19] entrent en vigueur.

§ 45. II. Sont assimilés aux navires de guerre, les navires armés par des particuliers, avec l'autorisation du gouvernement, dans le but de poursuivre le commerce maritime de l'ennemi et d'empêcher toutes relations commerciales avec les neutres. Ces navires, qui portent le nom de corsaires brevetés *(Kaper, privateers),* forment une partie de la force armée et ont, à condition qu'ils soient munis de lettres de marque régulières, les mêmes droits d'exemption que les navires de guerre. Quoique la déclaration de Paris en 1856 ait aboli la course, cette disposition ne peut être considérée aujourd'hui comme une chose généralement décidée dans le droit international, car l'**Amérique**, l'**Espagne** et le **Mexique** ont refusé d'y adhérer. On doit cependant espérer, grâce au développement progressif des principes du droit international, que l'on obtiendra la reconnaissance de l'intégrité de la propriété privée dans les guerres maritimes, comme c'est déjà le cas dans les guerres sur le continent. C'est ainsi que la course, devenant inutile elle disparaîtrait d'elle-même.

§ 46. III. Tous les autres navires de l'Etat, sans parler des navires de guerre et de ceux armés en course, c'est-à-dire tous les navires

[19] Voir plus bas, § 48.

qui sont en dehors du ressort du ministère de la marine et qui servent à remplir des missions dans l'intérêt de l'Etat, n'ont point comme tels la jouissance des privilèges d'exterritorialité. Ils ne correspondent ni à la nature, ni au caractère du pouvoir de l'Etat. Ce n'est pas le cas de dire, comme Geffcken [1] le suppose «qu'un navire d'Etat est un navire de guerre» et «qu'un aviso de l'Etat non armé jouit des mêmes droits»; l'opinion de Calvo et de Dana [2] est également fausse lorsqu'ils disent que l'immunité du navire de guerre se rapporte à leur caractère officiel et non pas à leur caractère militaire [3].

Par un sentiment de courtoisie particulière certains paquebots à vapeur ont obtenu, comme les navires de guerre, la même faveur légale; c'est ce que nous voyons dans les traités de poste: entre l'Angleterre et la France du 3 avril 1843, art. 7 (M. N. R. G., t. V, p. 181); entre l'Angleterre et la Belgique du 19 octobre 1844, art. 7, entre l'Angleterre et la Belgique pour la ligne d'Ostende à Douvres du 17 février 1876, art. 6; entre la France et l'Italie du 3 mars 1869, art. 6; entre l'Angleterre et le Danemark du 26 juin 1846, art. 3 (Perels, p. 122), et dans le traité de navigation entre l'Empire d'Allemagne et le Mexique en date du 5 décembre 1882, art. 6 (*Reichsgesetzblatt* 1883, p. 250). Dans cette dernière convention, il n'est pas dit «comme

§ 46. [1] Heffter-Geffcken, § 79, remarque 9.

[2] Calvo, t. I, § 614.

[3] L'idée de navire d'Etat est conçue par Harburger d'une manière trop étroite; il sous-entend seulement des navires qui sont ou des navires de guerre ou des navires portant à leur bord le souverain ou l'ambassadeur. Voir Harburger, *Inland*, p. 114.

pour les navires de guerre», mais, ce qui veut dire la même chose, « comme pour les navires à vapeur des nations les plus favorisées ».

Quant aux navires d'Etat destinés à la navigation dans un but d'utilité et de profit, l'Etat en les employant poursuit des intérêts purement privés [4], aussi les privilèges accordés par le droit des gens ne peuvent-ils leur être attribués.

§ 47. IV. Navires qui ont à leur bord des souverains ou des ambassadeurs. Ils sont exterritoriaux, non pas comme navires de guerre, mais plutôt par analogie dans le sens d'un hôtel d'ambassade. Le navire jouit de l'exterritorialité tant que le souverain ou l'ambassadeur sont à son bord et en tant que ce privilège est nécessaire à leur exterritorialité.

CHAPITRE III.

L'exterritorialité des corps de troupes [1].

I. EN TEMPS DE PAIX.

§ 48. Le passage des corps de troupes étrangères apporte à tout pays plus ou moins de préjudice et même des

[4] Voir plus haut, § 36.

§ 48. [1] Voir: Vattel, t. I, chap. XIX, § 217; Fölix, t. II, § 547; Wheaton, Eléments, t. I, pp. 123—134; Hall, pp. 153 et suiv.; Phillimore, t. I, § 547; Lorimer, t. I, p. 260; Twiss, *War*, § 158; Berner, *Wirkungskreis*, § 53; Binding, *Handb.*, t. I, p. 412; Bar, § 145; Bluntschli, § 541; Bulmerincq dans le *Rechtslexikon* « *Exterritorialität* » et dans son *Völkerrecht*, § 73; Kaltenborn dans le *Staatswörterbuch* « *Exterritorialität* »; Marquardsen dans le *Staatslexikon* « *Exterritorialität* »; Stoerk dans *Holtzendorff's Handb. des Völkerrechts*, t. II, pp. 656 et suiv.

dangers. Contre sa volonté un Etat pourrait se trouver tout à coup en état de guerre, et le passage des troupes être pratiqué comme une ruse de guerre pour l'occupation du territoire de l'ennemi. C'est pourquoi l'autorisation, généralement accordée aux étrangers, de franchir les frontières d'un Etat, ne s'étend jamais à des corps de troupes. Lorsqu'une armée force la frontière, entre sur le territoire d'un Etat étranger sans autorisation, elle doit être traitée en ennemie; elle n'acquiert aucun droit aux privilèges, même si on ne lui oppose pas la force. L'Etat lésé dans sa souveraineté par ces actes illégaux et violents, peut appliquer à ces troupes toutes espèces de restrictions, comme par exemple exiger leur désarmement, leur départ, etc. Si par contre le passage des troupes étrangères a été spécialement autorisé, il est évident que l'Etat renonce tacitement à ses droits de souveraineté sur ces troupes pendant leur passage, droits qui dépendront exclusivent alors de leur juridiction militaire. Il en est de même lorsqu'une armée, en vertu d'une permission conventionnelle, se fraye une route d'étape, mais dans ce cas un avis préalable doit toujours précéder le passage de l'armée.

Des traités d'étape de ce genre ont été conclus en 1809 entre la France et la Prusse (M. N. R., t. I, pp. 130 et suiv.), en 1816 et 1817 entre la Prusse d'une part et le Hanovre (M. N. R., t. IV, pp. 321 et suiv.), la Saxe-Weimar (M. N. R., t. IV, pp. 334 et suiv.), la Hesse (M. N. R., t. IV, pp. 344 et suiv.), Nassau (M. N. R., t. IV, pp. 358 et suiv.), Saxe-Gotha (M. N. R., t. IV, pp. 369 et suiv.), la Hesse-Electorale (M. N. R., t. IV, p. 379), le Brunswick (M. N. R., t. V, p. 210), l'Anhalt-Bernebourg (M. N. R., t. V, p. 220), l'Anhalt-

K ö t h e n (M. N. R., t. V, p. 233), l'A n h a l t - D e s s a u (M. N. R., t. V, p. 246), le d u c h é d e L i p p e (M. N. R., t. V, p. 258), et l'O l d e n b o u r g (M. N. R., t. V, p. 267), d'autre part.

Dans la suite ces traités ont été renouvelés à plusieurs reprises entre les Etats allemands (M. N. R., t. VI, p. 241; t. VII, p. 270; t. IX, pp. 37, 150, 493; t. XIII, p. 168; t. XIV, p. 604; t. XV, pp. 593, 603; (M. N. R. G., t. II, p. 551 ; t. XIII, p. 380). Dans la convention entre la F r a n c e et l'E s p a g n e, en date du 5 février 1824 (M. N. R., t. VI, p. 397), relative au séjour des troupes auxiliaires françaises en Espagne, les privilèges d'exterritorialité sont mentionnés d'une manière détaillée. Les troupes doivent se trouver sous le commandement général français (art. I); les commandants français doivent exercer la police militaire (art. II et V), les troupes françaises et leur suite doivent être soumises à leur propre juridiction (art. VI) et délivrées de toutes contributions et droits de douane (art. XIII).

Le corps de troupe est, comme le navire de guerre, non seulement le représentant, mais le porteur réel de la souveraineté de son pays, et voilà où est la raison de son exterritorialité. Cela concerne le cas où les membres réunis militairement forment un tout organique. Les privilèges ne sont pas accordés à des membres militaires séparés [2]. Les soldats et les employés militaires qui se trouvent dans une dépendance organique du corps de troupes ont seuls droit à l'exterritorialité, et non pas les civils qui font partie du train. Le code pénal militaire d'Allemagne se prononce ainsi sur

[2] Les attachés militaires employés à l'étranger sont exterritoriaux, mais seulement comme faisant partie des ambassades.

sur ce sujet dans son art. 7: « Les crimes et délits, commis « par les militaires à l'étranger, tant qu'ils font partie de « l'armée ou qu'ils occupent un poste de service, sont pas- « sibles de la même peine que ces actes encourraient s'ils « avaient été commis sur le territoire de la Confédération »[3].

II. EN TEMPS DE GUERRE.

§ 49. Dès que le territoire d'un Etat se trouve occupé en temps de guerre par une armée étrangère, le pouvoir

[3] L'exterritorialité des troupes est généralement reconnue en théorie, seulement Bar se prononce pour une restriction dudit privilège en voulant appliquer aux troupes les principes de la loi française de 1806, relative à la compétence des tribunaux dans les cas de crimes commis à bord de navires étrangers privés dans les ports français (voir plus haut dans notre ouvrage, § 44). Il lui semble plus juste « que les crimes « et délits, commis par les soldats étrangers contre leurs camarades et « chefs ou contre la discipline ou contre leur Etat, concernant principa- « lement l'ordre intérieur, soient soumis aux lois pénales et aux tribu- « naux de leurs pays, car le pouvoir disciplinaire doit nécessairement « être accordé à l'armée étrangère à laquelle on a autorisé l'entrée sur « le territoire de l'Etat. Par contre pour les crimes effectués contre les « personnes n'appartenant pas à l'armée ou qui pourraient troubler la « tranquillité publique, le droit de punition incombant à l'Etat sur le ter- « ritoire duquel se trouvent les troupes, ne doit pas *ipso jure* être exclu; « c'est la prévention par conséquent qui doit décider, en l'absence d'une « convention spéciale ». D'après notre opinion ces différences de droit pénal sont trop vagues pour être utilisées en jurisprudence. On peut facilement s'imaginer le cas où, lors d'un délit commis sur le territoire étranger, par une personne, appartenant à l'armée, l'autorité locale serait de l'avis que la tranquillité publique a réellement été troublée, tandis que le commandement de l'armée déciderait par contre que cette tranquillité n'a pas été troublée et que par conséquent le délinquant appartiendrait à la compétence de son forum. En outre la différence trouvée par Bar ne repose pas sur des principes de droit, mais sur des considérations policières étrangères au caractère même du délit. Voir Bar, p. 574.

étranger occupant remplace celui qui l'a précédé et qui vient d'être chassé; ce pouvoir agit alors en vertu de son propre droit dans le domaine de son propre pouvoir. Les conditions légales qui s'établissent pendant la durée de l'occupation militaire en temps de guerre, sont très variables. Tantôt les autorités locales continuent à fonctionner, ou sont complètement licenciées, ou la force occupante exerce la police, et assume toute la juridiction sur elle; dans tous les cas, cependant, le pouvoir occupant de l'Etat exerce sa puissance souveraine dans la plénitude de sa force; si parfois la machine gouvernementale de l'Etat occupé n'est pas complètement écartée, elle ne fonctionne toutefois que par délégation du pouvoir occupant le territoire. Les troupes représentent le pouvoir de l'Etat de leur pays et le territoire occupé par elles devient pendant la durée de l'occupation une partie du domaine du pouvoir de leur Etat.

L'absence d'une autre autorité gouvernementale, la conservation, la sûreté de l'armée et l'exécution de ses plans exigent l'application de ces mesures qui sont les seules possibles dans ces circonstances. Il serait illogique dans ce cas de revenir sur la fiction de territorialité [1]. Les conditions réelles du pouvoir, que provoque l'occupation militaire de l'Etat ennemi, expliquent suffisamment que le pouvoir de l'Etat occupé disparait et que celui de l'Etat occupant le territoire le remplace de fait. Le § 160 du code pénal militaire allemand dit: «Un étranger ou un Allemand qui, pendant « une guerre contre l'Empire d'Allemagne, se rendrait cou« pable sur le théâtre de la guerre d'une action prévue par

§ 49. [1] Harburger, *Inland*, p. 139.

« les §§ 57—59 et 134, devra être puni d'après les dispositions contenues dans lesdits paragraphes ». Et au § 161 on trouve ce qui suit : « Un étranger ou un Allemand qui, sur « le territoire étranger occupé par les troupes allemandes, « commet un acte portant atteinte aux lois de l'Empire d'Al« lemagne et dirigé contre l'armée allemande, ou les per« sonnes appartenant à l'armée, ou contre une autorité insti« tuée par l'empereur, est poursuivi, comme s'il l'avait commis « sur le territoire de la Confédération ». Aussi le tribunal supérieur de Prusse, dans ses arrêts du 4 juillet et du 10 septembre 1873, se fondant sur un jugement rendu par une cour militaire sur le territoire occupé pendant la guerre franco-allemande, considéra comme un cas de récidive un crime commis en Allemagne par lemême délinquant [2].

Il résulte enfin des droits de la guerre que les prisonniers, qui sont à considérer comme partie dépendante de l'armée, ainsi que les personnes qui en font partie ou bien qui se trouvent en rapport quelconque avec l'armée jouissent de l'exterritorialité et ont à se soumettre aux lois et particulièrement aux lois martiales, de la puissance qui occupe le territoire.

---

[2] Nous ne partageons pas l'opinion de Harburger (*Inland*, p. 129, remarque 10), sur l'irrégularité des motifs de l'arrêt de la cour de cassation du 4 juillet 1873; l'avis de Binding (*Handbuch*, t. I, p. 408, remarque 6) est juste.

APPENDICE.

L'exterritorialité du pape [1].

§ 50. En septembre 1870, lorsque, à la suite d'événements historiques, Rome fut déclaré capitale du royaume uni d'Italie, le gouvernement italien crut devoir réaliser le programme de Cavour « d'une Eglise libre dans un Etat libre ».

Il fallait mettre en concordance la souveraineté de l'Etat italien avec la situation particulière du pape et on arriva de ce fait à la loi des garanties du 15 mai 1871. Il reste encore à établir si les prétentions du Saint-Siège peuvent s'accorder avec les idées modernes sur l'Etat; dans tous les cas Holtzendorff, Bluntschli et Zorn ont prouvé carrément l'instabilité de la loi des garanties au point de vue du droit d'Etat et du droit international [2]. Si la loi par

§ 50. [1] Voir: Geffcken, *Die völkerrechtliche Stellung des Papstes* dans le *Handb. des Völkerr.* de Holtzendorff, t. II, pp. 153—213; Holtzendorff, *Erläuterungen des Garantiegesetzes* dans son *Jahrbuch für Gesetzgebung*, etc., 1876, pp. 303—322; Bluntschli, *Die Unverantwortlichkeit und Verantwortlichkeit des römischen Papstes*; Zorn, *Die Solidarität des kirchenpolitichen Interessen für Deutschland und Italien* dans les *Preussische Jahrbücher* 1878, pp. 541—556; Fiore, Droit intern., t. I, pp. 460—463.

[2] Geffcken est de l'avis contraire « qu'en général on doit reconnaître que les dispositions de la loi des garanties correspondent à leur but ».

elle-même est contradictoire l'idée de l'exterritorialité papale qui y est traitée est d'autant plus fragile. Il est impossible de la définir au point de vue du droit international, car les Etats, malgré l'exterritorialité papale, rendront le gouvernement italien responsable des actes du pape qui sont contraires au droit des gens [3]. Il est impossible de même d'établir au point de vue du droit d'Etat que le pape avec sa résidence restent en dehors de toute communication avec le pouvoir public comme s'il était complètement isolé, hors d'un territoire quelconque. En même temps enfin, abstraction faite de cette anomalie, l'exterritorialité papale, ainsi qu'elle a été établie par la loi des garanties, est en elle-même contradictoire et impraticable.

L'article VII dit: « Aucun officier de l'autorité publique, « ou agent de la force publique ne peut, pour exercer les « actes de son office, s'introduire dans les palais et lieux de « résidence habituelle ou demeure temporaire du souverain-« pontife, ni dans ceux où se trouve réuni un conclave, un « concile œcuménique, à moins d'y être autorisé par le sou-« verain-pontife, par le conclave ou par le concile ». L'article VIII: « Il est défendu de procéder à des visites, per-« quisitions ou saisies de papiers, documents, livres ou re-« gistres, dans les offices et congrégations pontificales, revê-« tues d'attributions purement spirituelles ». L'exterritorialité personnelle du pape, qui n'est nulle part expressément men-

[3] C'est avec raison que Geffcken relève cette anomalie que d'après la loi des garanties le souverain n'a pas d'autre arme contre le pape, que celle de rompre ses relations avec lui. Le pape lui-même est à l'abri de tout châtiment, ainsi que de toutes mesures permises par le droit international. C'est ainsi que le royaume d'Italie *mutatis mutandis* est obligé de suivre la morale d'Horace: *quidquid délirant*...

tionnée d'une façon positive, peut indirectement se déduire de ces dispositions. Elles admettent que tout endroit dans les limites du royaume d'Italie où il plairait au pape de séjourner est considéré comme exterritorial à cause de sa personne. L'exterritorialité du pape n'en présente pas moins de fortes contradictions. De par la déclaration du ministre Lanza il ressort que le pape ne possède pas le droit d'accorder asile, quoique l'article VII ne puisse être littéralement compris que dans ce sens [1]. Le pape est obligé de livrer non seulement aux autorités italiennes les délinquants italiens, mais tous les criminels que le gouvernement italien est obligé de livrer aux puissances étrangères, en vertu des traités d'extradition en vigueur. De plus, l'exterritorialité du pape se trouve altérée encore par l'article XVII, qui dit: «Tous « les actes des autorités ecclésiastiques demeurent sans effet « s'ils sont contraires aux lois de l'Etat ou à l'ordre public, « ou encore s'ils lèsent les droits des particuliers; ils demeu- « rent soumis aux lois pénales s'ils constituent un délit». La compétence des autorités italiennes est par conséquent reconnue d'un façon expresse dans certains cas. Il nous parait fort douteux que tout qui est «revêtu d'attributions purement spirituelles» (art. VIII), ainsi que «la fonction du souverain-pontife» (art. IX), les «actes du ministère spirituel du Saint-Siége» (art. X), les «actes des autorités ecclésiastiques» (XVII), doivent être absolument libérés «de toute réclamation, appel et exécution par force» (art. XVII), car «c'est à « la juridiction civile qu'il appartient de connaître les effets « juridiques de tous les actes de l'autorité ecclésiastique »

[1] Holtzendorff, *Jahrbuch für Gesetzbung* 1876, pp. 318 et suiv.

(art. XVII). Aussi il n'y a pas dans l'Etat moderne de limite précise entre les puissances spirituelle et temporelle. Les devoirs qui dérivent de l'idée intrinsèque de l'Etat embrassent aussi les affaires ecclésiastiques des sujets. Il appert que la position légale du pape et la loi des garanties sont pleines de contradictions et insoutenables.

Les expositions internationales.

§ 51. En considération du but que poursuivent les expositions internationales des arts et métiers, les Etats où elles ont eu lieu accordèrent aux objets exposés certaines libertés et prérogatives, comme par exemple: l'exemption des droits de douane et d'accise. Ces immunités, devant encourager les exposants et leur faciliter le transport des objets à l'exposition, n'ont jamais eu qu'un caractère fiscal. C'est par erreur que l'exterritorialité a été réclamée pour certaines commissions d'expositions et pour les édifices érigés aux expositions-mêmes.

M. Clunet, le rédacteur du « Journal de droit international », cite deux exemples à ce sujet: Lors de l'exposition internationale à Paris en 1867, la commission française intenta une action récursoire contre la commission anglaise. Celle-ci, dont le prince de Galles était le président et dans laquelle figuraient plusieurs ministres publics, prétendit qu'elle était une autorité représentant le gouvernement de la reine, dont ses membres étaient les mandataires et devaient être traités comme leur mandant avait droit de l'être. Le tribunal de la Seine déclara la commission anglaise justiciable des tribunaux de droit commun: « attendu que la

« commission anglaise ne pouvait être considérée comme « faisant partie du gouvernement anglais et ne constituait « qu'une collection d'intérêts privés ».

Une saisie avait été pratiquée dans le palais de l'exposition sur plusieurs vases de porcelaine; un Français, éditeur de gravures, prétendait que certains dessins, qui étaient sa propriété exclusive, avaient été contrefaits par un fabricant autrichien. Ce dernier opposa une fin de non-recevoir, basée sur ce que la saisie n'avait pu être légalement pratiquée dans le local de l'exposition autrichienne, parce que ce local était la continuation du territoire autrichien. Le tribunal la repoussa par la raison « que les différentes parties du palais « de l'exposition affectées aux produits étrangers n'avaient « jamais cessé d'être soumises aux lois françaises, et que « toute constatation relative à un fait considéré en France « comme délictueux y était valable » [1].

Les aérostats.

§ 52. Une question qui a encore moins de signification pratique c'est la situation internationale des aérostats. D'après les principes en vigueur dans le droit romain, qui classe l'air aussi bien que la mer parmi les *res omnium communes*, les aérostats devraient dans l'atmosphère libre, c'est-à-dire en dehors du territoire aérien [1] de l'Etat, occuper la même position que les navires en pleine mer. S'ils débarquent ou descendent à terre, ou se trouvent dans le territoire aérien de l'Etat, ils sont dans les mêmes conditions de

§ 51. [1] Calvo, t. I, pp. 619, 620.
§ 52. [1] Voir plus haut, § 4.

droit que les navires non exterritoriaux dans le territoire maritime d'un Etat étranger. Ces principes suffisent quant à présent, vû l'état peu développé de la science aérostatique. Mais si cette invention fait des progrès, si elle parvient à rendre la navigation aérienne aussi sûre que la navigation maritime, les principes de l'exterritorialité concernant les navires de guerre étrangers pourront parfaitement s'appliquer aux aérostats de guerre dans le territoire aérien des Etats.

OUVRAGES CITÉS.

Aufsess, O. Freiherr von: Die Zölle und Steuern des Deutschen Reichs dans Hirths Annalen, 1880, pp. 609—831.

Alt, L.: Handbuch des europäischen Gesandtschaftsrechts. Berlin, 1870.

Attlmayer, Ferdinand: Die Elemente des internationalen Seerechts. 2 vol. Wien, 1872, 1873.

Bar, L.: Das internationals Privat- und Strafrecht. Hannover. 1862.

Beach Lawrence, William: Commentaire sur les « Eléments » et sur « l'Histoire », de *H. Wheaton*. 4 vol. Leipzig, 1873—1880.

Berner, Albert Friedrich: Wirkungskreis des Strafgesetzes nach Zeit. Raum und Personen. Berlin, 1853.

Binding, Karl: Handbuch des Strafrechts. Leipzig, 1885.

Bischof, Hermann: Grundriss des positiven internationalen öffentlichen Seerechts. Graz, 1868.

Bluntschli, J. C.: Allgemeines Staatsrecht. 2 vol. München, 1868.

Bluntschli, J. C.: Das moderne Völkerrecht der civilisirten Staaten. 3e éd. Nördlingen. 1878.

Bluntschli, J. C.: Die rechtliche Unverantwortlichkeit und Verantwortlichkeit des römischen Papstes. Nördlingen, 1876.

Bomhard und Koller: Commentar zur Strafprocessordnung des Deutschen Reichs. Nördlingen. 1878.

Bulmerincq, August von: Das Asylrecht. Dorpat, 1853.

Bulmerincq, August von: « Exterritorialität » dans le Reichtslexikon de Holtzendorff. Leipzig. 1880.

Bulmerincq, August von: Praxis, Theorie und Codification des Völkerrechts. Leipzig, 1874.

Bulmerincq, August von: Das Völkerrecht oder internationale Recht dans Marquardsens Hanbuch des Oeffentlichen Rechts, Band I. Halbb. II. 2. Lief. Tübingen, 1884.

Bynkershoek, Cornelius van: De foro competente legatorum tam in causa civili quam criminali liber singularis, v. II, operum omnium, quæ edidit Ph. Vicat Coloniæ Allobrogum. 1761.

Calvo, Charles: Le droit international théorique et pratique. 4 vol. Paris, 1880—1881.
Clercq, de et de Vallat: Guide pratique des Consulats. 2 vol., 3e éd. Paris, 1868.
Cocceji, Henricus de: Exercitationum curiosarum volumen. Lemgoviæ anno 1722.
Cussy, Ferdinand de: Dictionnaire du diplomate et du consul. Leipzig, Brockhaus, 1846.
Dalloz, D.: Jurisprudence générale, tome III. Paris, 1846, « Agent diplomatique ».
Esperson, Pietro: Diritto diplomatico. 2 vol. Torino, 1872—1877.
Fecht, H. A.: Die Gerichtsverfassung der deutschen Staaten. Erlangen, 1868.
Féraud-Giraud: De la juridiction française dans les Echelles du Levant et de Barbarie. 2 vol. Paris, 1866.
Field, David Dudley: Outlines of an international code. 2e éd. New-York and London, 1876.
Fiore, Pasquale: Nouveau droit international public, traduit et annoté par Charles Antoine. 3 vol. Paris, 1885, 1886.
Fölix, M.: Traité du droit international privé. 2 vol., 4e éd. Paris, 1866
Fricker: Die Persönlichkeit des Staates, dans la Zeitschr. f. d. ges. Staatsw. Tübingen, 1869, pp. 29—50.
Gand, M.: Code des étrangers Paris, 1853.
Garden, le comte de: Traité complet de diplomatie. 3 vol. Paris, 1833.
Gareis, Carl: Allgemeines Staatsrecht dans Marquardsens Handbuch des Oeffentlichen Rechts, Band I, Halbb. I, pp. 29—50. Tübingen und Freiburg, 1883.
Geller, Leo: Oesterreichische Justizgesetze mit Erläuterungen aus der Rechtssprechung. 5 vol. Wien, 1883, 1884.
Gottschalck, J.: Die Exterritorialität der Gesandten (Diss.). Berlin, 1878.
Grotii, Hugoni: Di jure belli ac pacis libri tres cum annotatis auctoris nec non *Gronovii* notis et *Barbeyracii* animadversionibus et commentariis *Henrici de Cocceji* et observationibus *Samuelis de Cocceji,* 4 t. Lausannae, 1752.
Hall, William: International law. Oxford, 1880.
Halleck, H. W.: International law or rules regulating the intercourse of States in peace and war. San-Francisco, 1861.
Harburger, H.: Der strafrechtliche Begriff Inland. Nördlingen, 1882.
Harburger, H.: Der niederländische Strafgesetzentwurf, dans le Gerichtssaal. Stuttgart, 1877.
Hartmann, Adolph: Institutionen des praktischen Völkerrechts in Friedenszeiten. Hannover, 1874.
Heffter, Wilhelm: Das Europäische Völkerrecht, bearbeitet von Dr. *H. Geffken.* Berlin, 1881, 7e éd.
Hélie, Faustin-Adolphe: Les Constitutions de la France. Paris, 1875—1879, 4 vol.

Hélie, Faustin-Adolphe : Traité de l'Instruction Criminelle. Paris, 1846, 3 vol.

Holtzendorff, F. von : Das Europäische Völkerrecht, dans son Encyclopädie, pp. 1189 et suiv., 4e éd. Leipzig, 1882.

Holtzendorff, F. von : Gerichtliche Beschlagnahme gegen transitirendes Kriegsmaterial einer fremden Regierung. Dans la Jahrbuch für Gesetzgebung, etc., 1817, pp. 179—185.

Holtzendorff, F. von : Handbuch des Völkerrechts auf Grundlage Europäischer Staatenpraxis. Jusqu'à présent 3 vol. Berlin, 1885, Hamburg, 1887.

Holtzendorff, F. von : Völkerrechtliche Erläuterungen zum italienischen Garantiegesetz. Dans le Jahrbuch für Gesetzgebung, etc., 1876, pp. 303—322.

Ihering, Rudolph von : Der Zweck im Recht. Jusqu'à présent 2 vol. 2e éd. Leipzig, 1884.

Kaltenborn, Carl von : Grundsätze des practischen Europäischen Seerechts, 2 vol. Berlin, 1851.

Kaltenborn, Carl von : «Exterritorialität» dans le Staatswörterbuch. Stuttgard und Leipzig, 1858.

Kaltenborn, Carl von : Kritik des Völkerrechts. Leipzig, 1847.

Kaltenborn, Carl von : Die Vorläufer des Hugo Grotius, 2e section Leipzig, 1848.

Kent : Commentary on international law, edited by Abdy. Cambrige and London, 1878.

Klüber, J. L. : Droit des gens moderne de l'Europe. Nouv. éd. revue, annotée et complétée par Ott. Paris, 1861.

König : Handbuch des deutschen Konsularwesens. Berlin, 1878.

Krug, August-Otto : Commentar zum Sächsischen Strafrecht. 2 vol. Leipzig, 1855.

Kulpis, Georgius : De legationibus Statuum imperii Commentatio. Giessae, 1679.

Landé, Paul : Das Allgemeine Landrecht für die Preussischen Staaten in seiner jetzigen Gestalt, édition avec annotations. Berlin, 1882.

Laurent, F. : Le droit civil international. 8 vol. Paris et Bruxelles, 1880—1882.

Löwe, E. : Commentar zur Strafprocessordnung und zum Gerichtsverfassungsgesetz. Berlin, 1879.

Lorimer, James : The institutes of the law of nations, 2 vol. London, 1883 and 1884.

Marquardsen : «Exterritorialität» dans le Staatslexikon, 2e éd.

Martens, Charles, baron de : Causes célèbres du droit des gens, 5 vol., nouvelle éd., Leipzig, 1858.

Martens, Charles, baron de : Le guide diplomatique, 2 vol., 5e éd. par *Geffcken.* Leipzig, 1866.

Мартенсъ, Ф. : О консулахъ и консульской юрисдикціи на Востокѣ. С.-Петербургъ, 1873.

Мартенсъ, Ф.: Современное международное право, 2 тома. С.-Петербургъ, 1882—83. Edition allemande par *Bergbohm*, 2 vol. Berlin 1881—1883. Edition française par *Léo*, 3 vol. Paris, 1883—87.

Martens, G. F.: Erzählungen merkwürdiger Fälle des neueren europäischen Völkerrechts, 2 vol. Göttingen, 1800, 1802.

Martens, G. F.: Précis du droit des gens moderne de l'Europe augmenté des notes de *Pinheiro-Ferreira*. 2 vol., 2e éd. Paris, 1864.

Martens, G. F. et ses continuateurs: Recueil des traités. Sec. éd. du recueil de Martens. Goettingue, 1817—1885.

Merlin: Répertoire universel et raisonné de jurisprudence, vol. XX Bruxelles, 1827, «Ministre public».

Miruss, A.: Das Europäische Gesandtschaftsrecht. Leipzig, 1847, 2 vol.

Montesquieu: De l'esprit des lois. 4 vol. Leipzig, 1763.

Mosham, Franz-Xavier von: Europäisches Gesandtschaftsrecht. Landshut, 1805.

Neumann, Leopold: Grundriss des heutigen Völkerrechts. Wien, 1877.

Oke Manning, William: Commentaries on the law of nations, by Sheldon Amos. London, 1875.

Olivi, Louis: Jean Pierelli, ses missions diplomatiques et sa théorie sur l'immunité des envoyés en matière pénale. Rev. d. dr. intern., 1886, pp. 83—88.

Ompteda, Ludwig von: Literatur des Völkerrechts. 2 vol. Regensburg, 1785.

Oppenheim, Heinr.-Bernh.: System des Völkerrechts, 2e éd. Leipzig und Stuttgart, 1866.

Ortolan, Théodore: Règles internationales et diplomatie de la mer, 2e éd. Paris, 1853.

Ortolan, Théodore: Eléments de droit pénal, 4e éd. par Bonnier, 2 vol. Paris, 1875.

Пекарскій, П.: Маркизъ де ла Шетарди въ Россіи, 1740—1742 годовъ. С.-Петербургъ, 1862.

Perels, L.: Das internationale öffentliche Seerecht der Gegenwart. Berlin, 1882.

Phillimore, Robert: Commentaries upon international law, 4 vol., 3e éd. London, 1879—1882.

Pradier-Fodéré, P.: Cours de droit diplomatique, 2 vol. Paris, 1881.

Pradier-Fodéré: Traité de droit international public européen et américain, 3 vol. Paris, 1885—1887.

Rayneval, Gerard de: Institution de droit de la nature et des gens. Paris, 1803.

Réal, de: La science du gouvernement, 8 vol. Paris, 1764.

Richter-Dove: Lehrbuch des katholischen und evangelischen Kirchenrechts, 7e éd. Leipzig, 1874.

Roijen, van: De Fictie der Exterritorialitei. Groningen, 1885.

Römer, Christian-Heinrich: Grundsätze über die Gesandtschaften. Gotha, 1788.

Rotteck, Karl von: «Exterritorialität» dans le Staatslexikon, 4 vol., édition de 1846.
Rubo, Ernst-Traugott: Kommentar zum Strafgesetzbuch. Berlin, 1879.
Rüdorff, Hans: Kommentar zum Strafgesetzbuch. Berlin, 1877.
Saalfeld, Fr.: Grundriss eines Systems des europäischen Völkerrechts. Tübingen, 1833.
Savigny, Carl von: Von dem Beruf unserer Zeit für Gesetzgebung und Rechtswissenschaft. Heidelberg, 1840.
Schmelzing, Julius: Grundriss des europäischen Völkerrechts. 3 vol. Rudolstadt, 1818—1820.
Stoerk, Felix: Handbuch der deutschen Verfassungen. Leipzig, 1884.
Судебные уставы Императора Александра II, съ разъясненіемъ ихъ по рѣшеніямъ кассаціонныхъ департаментовъ правительствующаго сената. Изданіе Анисимова. С.-Петербургъ, 1884.
Thilo, G.: Commentar zur Strafprocessordnung. Berlin, 1878.
Thilo, G.: Commentar zum Gerichtsverfassungsgesetz. Berlin, 1879.
Tudichum, Fr.: Commentar zum Reichsbeamtengesetz dans Hirths Annalen, 1876, pp. 265—399.
Twiss, Travers: The law of nations considered as independent political communities. 2 vol. Oxford and London, 1861.
Ulbrich, Joseph: Lehrbuch des Oesterreichischen Staatsrechts. Berlin, 1883.
Vattel: Le droit des gens ou principes de la loi naturelle. Nouv. éd. par Pradier-Fodéré, 3 vol. Paris, 1863.
Vera, Antonio de et de Cunniga: Le parfait ambassadeur, composé en espagnol, nouvellement traduit en français. Leide, 1709.
Vergé, Ch.: Diplomates et Publicistes. Paris, 1856.
Vesque, von Püttlingen, Johann-Freiherr von: Handbuch des in Oesterreich-Ungarn geltenden internationalen Privatrechts, 2e éd. Wien, 1878.
Voltaire: Siècle de Louis XIV dans le volume IV des œuvres complètes. Paris, 1856.
Wächter, Karl Georg: Das königlich Sächsische und Thüringische Strafrecht. Stuttgart, 1857.
Wheaton, Henry: Eléments du droit international, 2 vol., 4e éd. Leipzig, 1864.
Wheaton, Henry: Histoire des progrès du droit des gens en Europe depuis la paix de Westphalie jusqu'au congrès de Vienne. Leipzig 1865, 2 vol.
Wicquefort, de: L'ambassadeur et ses fonctions. Cologne, 1766.
Winiwarter, Joseph: Das Oesterreichische bürgerliche Recht systematisch dargestellt und erläutert., 5 vol., 2 éd. Wien, 1838.
Witte. Th.: Meditationes de jure criminali respectu juris internationalis institutae. Dorpati Livonorum, 1851 (Diss.).
Wolff, Christianus de: Jus gentium, prostat in officina libraria Rengeriana. Halae Magdeburgicae, 1769.
Woolsey, Theodore: Introduction to the study of International law., 5e éd. London, 1879.

Zorn, Philipp: Das deutsche Gesandtschafts-, Konsular- und Seerecht dans Hirths Annalen, 1882, pp. 81 et suiv. et pp. 407 et suiv.

Zorn, Philipp: Die Solidarität der kirchenpolitischen Interessen für Deutschland und Italien dans les Preussische Jahrb. 6 cahier. Berlin, 1878, pp. 541—556.

Zorn, Philipp: Streitfragen des deutschen Staatsrechts dans la Zeitschr f. d. ges. Staatsw., vol. 37, 1881, pp. 292 et suiv.

Zouchäus, Richardus: Solutio quaestionis veteris et novae de legati delinquentis judice competente. Oxon., 1657.

Zur Frage der Trennung von Staat und Kirche in Deutschland dans Hirths Annalen, 1872, pp. 1—52 et pp. 983—1251.

www.ingramcontent.com/pod-product-compliance
Ingram Content Group UK Ltd.
Pitfield, Milton Keynes, MK11 3LW, UK
UKHW020139200726
13856UKWH00003B/765